Die

Methode der Tauschwerthe.

Ein Beitrag

zur Lösung der Waldwerthrechnungsfrage

von

Ludwig Frey,
Großherzoglich Hessischer Oberforstrath.

Berlin.
Verlag von Julius Springer.
1888.

ISBN-13: 978-3-642-89705-4 e-ISBN-13: 978-3-642-91562-8
DOI: 10.1007/978-3-642-91562-8

Inhalts-Verzeichniß.

Druckfehler:

Seite 13, Zeile 1 von unten lies: anlangen, statt: erlangen.
" 15, " 11 " " " vorhergehenden, statt: vorgehenden.

Einleitung.

Es ist schon außerordentlich schwierig, sich von einem Vorurtheil loszusagen, welchem man jahrelang bona fide gehuldigt hat, aber noch weit schwieriger, aus einem Ideenkreise herauszutreten, in welchen man durch empfangenen Unterricht festgebannt ist, und überdies durch Lehrer, welchen man Achtung und Verehrung zollt, festgehalten wird.

In letzterem Falle befinden sich nun die meisten unserer Fachgenossen, welche in den letzten 30—40 Jahren auf der Universität oder Akademie Vorträge über „Waldwerthrechnung" gehört haben, denn allen wurde die bekannte Faustmannsche Formel für den Waldbodenwerth als das Schibboleth der Waldwerthrechnung gepriesen, und die Meinung beigebracht, daß man ohne den von Faustmann eingeführten Begriff des **„Erwartungswerthes"**, den Werth von **Waldungen** überhaupt nicht ermitteln könne.

Dieser Umstand trägt wohl in erster Linie Schuld daran, daß jede andere Rechnungsmethode, welche aus dem gewohnten Geleise weicht, und den Waldwerth auf eine **andere** Weise als durch das hergebrachte (herkömmliche) Discontiren von Zukunftserträgen auf die Gegenwart zu ermitteln sucht, von vornherein als „unzulässig" verworfen und näherer Prüfung kaum gewürdigt wird. Und doch liegt die Frage so nahe, warum denn eigentlich für das Waldwirthschaftsgewerbe, um eine Werthbestimmung desselben vorzunehmen, eine ganz absonderliche Rechnungsmethode (die „Erwartungswerthmethode") erfunden werden mußte, warum denn eigentlich der Werth des Waldwirthschaftsgewerbes nicht ebensogut, wie der Werth jeder anderen gewerblichen Unternehmung, aus dem durchschnittlichen Jahresertrag desselben ermittelt werden könne. Es ist nur aus oben erwähntem Umstand zu erklären, wenn eine so nahe liegende Frage nicht längst und endgültig dahin beantwortet ist, daß kein einziger, auch nur irgend stichhaltiger Grund vorliege, bei der Werthbestimmung irgend eines concreten Waldwirthschaftsbetriebs von durchaus anderen Gesichtspunkten auszugehen, als bei der Werthbestimmung irgend eines anderen concreten Gewerbe- oder Fabrikbetriebs. Es würde wohl von Niemand gebilligt werden, wenn wir den Werth eines beliebigen Grundstücks (welches, der Einfachheit halber, gegenwärtig als Wüstung gedacht werden kann) dadurch ermitteln wollten, daß wir **unterstellten**, es würde auf demselben eine Fabrik, beispielsweise eine Tabaksfabrik, errichtet, deren Erbauung und vollständige Inbetriebsetzung innerhalb eines Zeitraums von 10 Jahren mit einem jährl. Kapitalaufwand von je 10 000 *M* erfolge, deren Reinertrag von da an aber jährlich 8000 *M* betrage, wenn wir mithin den Werth jenes Grundstücks dadurch ermitteln wollten, daß wir — auf Grund dieser Unterstellung — die muthmaßlichen zukünftigen Einnahmen aus den Tabaksfabrikaten und die geleisteten Kapitalaufwendungen und sonstigen Ausgaben mit einem willkürlich gewählten Zinsfuß auf die Gegenwart discontirten, und die sich ergebende positive oder negative Geldsumme als das **Boden**kapital, als den **„Werth"** des in Frage stehenden **Grundstücks** bezeichneten. Jeder Unbefangene würde uns entgegenhalten, daß der Werth einer Tabaksfabrik sich überhaupt erst bestimmen lasse, nachdem dieselbe in vollem Betrieb stehe, und einen nachweisbaren Reinertrag abwerfe, daß es aber völlig gleichgültig sei, in welcher Weise der „aus dem Reinertrag" sich berechnende Kapitalwerth der Fabrik auf das Grundstück und die darauf stehenden Fabrikgebäude ꝛc. vertheilt gedacht werde, da bei einer im Betrieb stehenden Fabrik das eine ohne die anderen nicht gedacht werden könne, es daher von der Willkür des Besitzers abhänge, wie hoch er den Werth des Grundstücks, auf welchen die Fabrikgebäude ꝛc. errichtet sind, veranschlagen wolle.

Genau die nämliche Manipulation, welche wir vorstehend als eine zur Ermittelung des Werthes eines Grundstücks, auf welchem eine Tabaksfabrik betrieben wird, ganz ungeeignet, als eine durchaus verkehrte bezeichnet haben, wird uns als unfehlbar zum Ziel führend angepriesen, sobald es sich darum handelt, den Werth eines

Grundstücks (welches, der Einfachheit halber, ebenwohl wieder als Wüstung gedacht werden kann) zu ermitteln, auf welchem künftighin, anstatt einer Tabaksfabrik, Waldwirthschaft betrieben werden soll. Wir sollen dann **unterstellen,** daß sofort, oder auch allmählig, ein Anlagecapital (Kulturkosten) aufgewendet werde, um in einem Zeitraum von ca. 50 Jahren einen entsprechenden Holzvorrath heranzuziehen, und von da an einen bestimmten jährlichen Reinertrag aus der alsdann vollständig zur Inbetriebsetzung geeigneten Waldwirthschaft zu beziehen. Der Werth des Grundstücks (der sog. Bodenerwartungswerth) soll in diesem Falle ebenwohl dadurch ermittelt werden, daß — auf Grund jener Unterstellung — die muthmaßlichen, zukünftigen Einnahmen aus dem herangezogenen Walde und die auf seine Anzucht verwendeten Ausgaben mit einem willkürlich gewählten Zinsfuß auf die Gegenwart discontirt werden, und die sich ergebende positive oder negative Geldsumme als **Bodenwerth,** als der **Werth** des in Frage stehenden **Grundstücks** betrachtet wird.*)

Wir erheben hiergegen den nämlichen Einwand, wie er oben gegen die Berechnung des Werths des in Rede stehenden Grundstücks unter der Voraussetzung, daß eine Tabaksfabrik auf demselben errichtet werde, erhoben worden ist. Vor allen Dingen muß das Waldwirthschaftsgewerbe, welches auf dem fraglichen Grundstück (mag dieses 1 oder 100 ha groß sein) betrieben werden soll, in vollem Betrieb stehen, und einen nachweisbaren jährlichen Reinertrag abwerfen, bevor von der Berechnung des Kapitalwerths des „Waldes", welcher in sachgemäßer Weise sich nur aus dem „Reinertrag" des Waldes berechnen läßt, die Rede sein kann. Der „Wald" muß hier ebenso wie dort die „Fabrik" als ein für sich bestehendes untrenn-

*) Die Seitens der Anhänger der „Erwartungswerthmethode" uns gemachte Zumuthung ist sogar noch etwas crasser, als vorstehend von uns angegeben worden ist, da die Anhänger dieser Methode keineswegs den jährlich erfolgenden Zuwachs von dem Zeitpunkt der Herstellnng des Normalvorraths an als eine alljährlich zu beziehende Einnahme in Rechnung stellen, sondern den bis zum Ende der festgesetzten Umtriebszeit, in einem Zeitraum von 80—100 Jahren, herangezogenen Holzvorrath (von den Durchforstungen abgesehen) in einer Summe in Einnahme bringen, und dann in dem nämlichen Turnus eine Wiederholung der Ausgaben und Einnahmen bis in's Unendliche unterstellen.

bares Ganzes betrachtet werden, und nur der Gesammtwerth des **„Waldes“** (Boden und darauf stockender Holzbestand von solcher Beschaffenheit, daß der Zuwachs alljährlich ohne Minderung des Vorraths, genutzt werden kann, wenn für die Erhaltung voller Bestockung durch Nachzucht Sorge getragen wird) ist als ein direct durch Rechnung (Kapitalisirung des jährl. Reinertrags) zu ermittelnder anzusehen, während es auch dem Waldbesitzer, gerade so wie dem Fabrikbesitzer, willkürlich freisteht, den Werth des Grundstücks (Bodenwerth), auf welchem sein Wald stockt, nach seinem Ermessen höher und niedriger zu veranschlagen.

Von solch' einfachen Erwägungen ausgehend, deren logische Richtigkeit, unseres Erachtens, kaum bestritten werden kann, haben wir seit 20 Jahren durch Veröffentlichung unserer Ansichten in der Allgemeinen Forst- und Jagdzeitung und in der Zeitschrift für Forst- und Jagdwesen versucht, gegen die Anwendung der sog. „Erwartungswerthmethode“ bei Lösung von Waldwerthrechnungsaufgaben anzukämpfen und einer anderen, höchst einfachen Rechnungsmethode, welche wir späterhin als die „Methode der Tauschwerthe“ bezeichneten, Geltung zu verschaffen.

Aus den Angriffen, welche unsere Abhandlungen erfahren haben, mußten wir jedoch ersehen, daß unsere Gegner den Kernpunkt nnserer Abhandlungen gar nicht berührten, daß sie in unseren Ideenkreis gar nicht eintraten, weil sie sich von der hergebrachten Discontirungsmethode nicht loszuwinden vermochten, und daher an unsere einfachen Formeln — durch deren Entwickelung wir unserer Methode eine mathematische Unterlage gegeben — einen ganz falschen Maßstab anlegten. Unsere Gegner ließen nämlich den Umstand, daß „Tauschwerth“ und „Erwartungswerth“ völlig verschiedene Begriffe sind, meist ganz unbeachtet, und obgleich wir ausdrücklich nur mit „Tauschwerthen“ gerechnet wissen wollten und den Begriff des „Erwartungswerths“ stets als einen durchaus unzutreffenden bezeichneten, suchten sie dennoch unsere nur zur Ermittelung von „Tauschwerthen“ dienlichen Formeln meist mit den Formeln der „Erwartungswerthmethode“ in Relation zu bringen, und glaubten aus der selbstverständlich fehlenden Uebereinstimmung beider die Unrichtigkeit ersterer folgern zu dürfen.

Wir erachten uns daher berechtigt, die betreffenden Abhandlungen, in der Reihenfolge ihres Erscheinens, wiederholt zum Abdruck zu bringen, und in gegenwärtiger Broschüre zusammenzufassen, um unseren Fachgenossen — von welchen doch immer noch viele gegen die Consequenzen der „Erwartungswerthmethode" innerlich ankämpfen, wenn sie sich auch noch nicht davon überzeugt haben, daß diese Methode eine theoretisch falsche und logisch verwerfliche ist, — erneuet Gelegenheit zu bieten, unser Rechnungsverfahren in seinem Zusammenhange und seinen Consequenzen zu prüfen.

In nachstehenden Separatabdrücken haben wir die in den Formeln gebrauchten Bezeichnungen miteinander in Uebereinstimmung gebracht, eine Umrechnung der alten in die neuen Maß- und Münzeinheiten und einige kleine Berichtigungen vorgenommen, im Uebrigen jedoch thunlichst wortgetreue Wiedergabe der betr. Abhandlungen eintreten lassen. Obwohl manche Wiederholungen hierdurch nicht zu vermeiden waren, so bitten wir unsere Fachgenossen, dies mit unserem Bestreben zu entschuldigen, den Entwickelungsgang unserer Rechnungsmethode aus den Separatabdrücken genau erkennen zu lassen, und daher keine wesentlichen Aenderungen an den in chronologischer Folge wiedergegebenen Artikeln vorzunehmen.

I.

Der Tauschwerth des Waldbodens.

(Allgem. Forst- und Jagdzeitung. 1866. Juni.)

Auf dem Gebiete der Waldwerthrechnung ist man durch die subtilsten Speculationen und complicirtesten Discontirungen bis jetzt immer nur zu den widersprechendsten und insbesondere mit der Praxis im schreiendsten Widerspruch stehenden Resultaten gelangt.

Der Grund hierfür dürfte darin gefunden werden, daß man bei den Werthermittelungen fast allgemein zwischen Boden und Holzbestand eine, unserer Ansicht nach, unzulässige Trennung beobachtet hat. — Ebensowenig als von dem Ertrag eines Fabrikgeschäftes die Rede sein kann, bevor dasselbe völlig im Betrieb steht, bevor demnach, außer dem Fabrikgebäude, auch die nöthigen Maschinen angeschafft, taugliche Arbeitskräfte eingestellt und Handelsverbindungen angeknüpft sind, ebensowenig kann von dem Ertrag eines Waldes die Rede sein, bevor, außer dem Boden, auch ein gewisser Holzvorrath, eine regelmäßige Absatzgelegenheit für den jährlichen Holzeinschlag 2c. vorhanden ist. — Dem Fabrikbesitzer wird es nicht darum gelten, daß das speciell auf die Erbauung des Fabrikhauses (Grundbesitz) verwendete Kapital am höchsten rentirt, denn dies wäre ja dann der Fall, wenn für die übrigen Betriebsrequisiten verhältnißmäßig wenig Kapital aufgewendet würde, sondern er wird sich nicht scheuen, immer größere Kapitalien gerade zur Vermehrung und Verbesserung der Betriebsmaterialien aufzuwenden, wenn nur in Aussicht steht, daß er sein Einkommen im Ganzen dadurch erhöhen kann. Ebenso wird der Waldbesitzer keinen Anstand nehmen, den auf dem Waldboden stockenden Holzvorrath zu vermehren, resp. Kapitalien zur Beschaffung eines größeren Holzvorraths aufzuwenden, wenn ihm in Aussicht gestellt werden kann, daß sein Einkommen im Ganzen sich dadurch erhöhen wird.

Wer überhaupt — anstatt mit seinen Kapitalien an der Börse zu spekuliren — Waldwirthschaft zu treiben wünscht, der wird auch seinen Wald in einen solchen Zustand versetzen wollen, daß er nachhaltig den größtmöglichsten Reinertrag abwirft, und keinen Vortheil darin sehen, wenn ihm durch Herabminderung des Holzvorraths unter denjenigen Stand, bei welchem der größte Reinertrag erfolgt, Geldkapitalien flüssig gemacht und mit dem Rath behändigt werden, daß er solche zweckmäßiger in 6 procentigen Staatspapieren anlege; denn dann müßte man mit dem nämlichen Recht den Rath dahin vervollständigen, er möge den Wald zu verkaufen suchen, und das ganze durch den Verkauf erzielte Geldkapital in 6 Procent Zinsen tragenden Werthpapieren anlegen.

Der Werth eines Waldes ist abhängig von dem Ertrag, den derselbe nachhaltig abwirft; der Werth des Waldbodens kann nur **indirekt**, indem man von dem Waldwerth den Werth des Betriebsmaterials (Holzvorraths) abzieht, ermittelt werden.

Die „Erwartungswerthe", „Kostenwerthe" 2c. werden sich schwerlich jemals der Anerkennung der Waldbesitzer, der Waldkäufer und Waldverkäufer zu erfreuen haben, weil bei deren Berechnung von Voraussetzungen ausgegangen wird, die allzusehr in der Willkür des Rechners liegen, während doch die geringsten Schwankungen bei diesen Voraussetzungen die erheblichsten Differenzen in den berechneten Werthen zur Folge haben. Nur wenn mit reellen Werthen gerechnet wird, werden brauchbare Resultate erzielt werden, die nach allen Richtungen hin befriedigen dürften.

Wir behaupten nun, daß der Verkaufs- oder Tauschwerth heut zu Tage allein als Repräsentant des reellen Werths einer Sache betrachtet werden kann. Aber obgleich dies in den neuesten Schriften über Waldwerthrechnung auch anerkannt wird, so wird andererseits doch wieder behauptet, daß der Verkaufswerth des Waldbodens ohne die Kenntniß des „Erwartungswerths" sich gar nicht abschätzen oder berechnen lasse, wodurch dann freilich dem „Erwartungs-, Kosten-, Erzeugungs- 2c. Werth" wieder das Schlachtfeld überlassen wäre.

Wir wollen jedoch in Nachstehendem ein Verfahren mittheilen, wodurch auf höchst einfache Weise der reelle Wald-Bodenwerth (der als die Grundlage für alle weiteren Waldwerthberechnungen betrachtet werden darf) ermittelt werden kann, und gehen hierbei von folgenden Gesichtspunkten aus:

1) Bei dem Verkaufe eines Grundstücks einigen sich Käufer und Verkäufer in dem **Preis** zugleich stillschweigend über den **Zinsfuß**, mit welchem das in dem Grundstück angelegte Geldkapital (der dafür verlangte, resp. gebotene Preis) rentirt. Der Verkäufer wird den Kapitalwerth seines Grundstückes durch Kapitalisirung dessen Reinertrags, resp. durch Kapitalisirung des höchsten jährlichen Reinertrags, den Grundstücke von gleicher Beschaffenheit seither geliefert haben (denn das in Frage stehende Grundstück könnte ja seither unbenutzt geblieben sein) mit angemessen niedrigem Zinsfuß berechnen, und den so berechneten Werth als höchste Forderung gelten lassen; der Käufer dagegen wird den Kapitalwerth des Grundstückes durch Kapitalisirung des zu erwartenden Reinertrags mit angemessen hohem Zinsfuß berechnen und den berechneten Werth als höchstes Gebot gelten lassen.

Indem weder die höchste Forderung befriedigt, noch bei dem höchsten Gebot stehen geblieben, sondern über einen Mittelpreis sich vereinigt wird, wird in diesem Preis zugleich auch der mittlere Zinsfuß festgestellt, zu welchem das in dem Grundstück angelegte Geldkapital künftighin rentiren soll. Es ist damit aber durchaus nicht gesagt, daß es zu diesem Zinsfuß auch wirklich rentiren wird. — Erzielt der Käufer künftig diejenigen Zinsen, die er sich bei dem Ankauf versprach, so ist er mit seinem Kauf zufrieden, erzielt er höhere Zinsen, so nennt er seinen Kauf einen vortheilhaften; im umgekehrten Fall, wenn er sich mit geringeren Zinsen begnügen muß, war das Geschäft für ihn unter Umständen ein unvortheilhaftes. — Den Bodenwerth bringt derselbe jedoch in diesen drei Fällen stets mit dem Betrage in Rechnung, zu welchem er den Boden wirklich gekauft hat.

2) Aus Vorstehendem folgt schon und wir können dies nicht genug hervorheben, daß der Tauschwerth des Bodens zur Zeit des Verkaufsabschlusses nur aus dem höchsten Reinertrag berechnet

werden kann, welchen Böden von gleicher Beschaffenheit seither geliefert haben und demgemäß auch künftig zu liefern versprechen, daß mithin der Tauschwerth des Bodens zur Zeit des Verkaufs (wenn der Zinsfuß als feststehend angenommen wird) eine ganz **constante** Größe ist, und auch von dem Käufer, bei Berechnung seines Einkommens, stets nur mit dieser Größe in Rechnung gezogen wird, er mag den Boden später benutzen, wie er will. — Erst, wenn der Boden zu abermaligem Verkaufe kommt, ist vielleicht sein Tauschwerth ein anderer, weil der erstmalige Käufer denselben in einen solchen Zustand gebracht hat, daß er jetzt nachweislich einen höheren oder geringeren Reinertrag abwirft, als früherhin.

3) Wie für jedes Grundstück, so gelten auch für den Waldboden die seither üblichen und möglichen Reinerträge (die der Waldboden übrigens nur abwirft, wenn er auch mit Holz bestanden gedacht wird) als Norm für die Bestimmung seines Verkaufs- oder Tauschwerthes, und dies umsomehr, weil gerade bei Waldungen ein Uebergang zu anderer Benutzung, als der seitherigen, meist viel schwieriger ist, als bei anderen Grundstücken. Dieser Tauschwerth bildet alsdann die **constante** Größe, die allen ferneren Berechnungen, bei welchen der Bodenwerth in Frage kommt, zu Grunde gelegt werden muß, und die weder mit der Umtriebszeit, noch mit der Betriebsweise sich ändert, sondern im Gegentheil den Prüfstein dafür bildet, ob eine andere, als die bei dem Ankauf zu Grunde gelegte, Umtriebszeit oder Betriebsweise vortheilhaft ist oder nicht. — (Der Tauschwerth des Bodens steht mithin in direktem Gegensatz zu den variabeln Bodenerwartungswerthen.)

4) Endlich wollen wir noch bemerken, daß es uns richtiger erscheint, wenn unter Waldreinertrag der allein von den Erntekosten befreite Holz-Geldertrag verstanden wird, ohne daß Steuern und Verwaltungskosten an demselben in Abzug kommen. Denn es ist selbstverständlich, daß jedes Einkommen versteuert wird, und daß die Verwaltung eines jeden Kapitals Arbeit oder Kosten verursacht, und nirgends üblich, diese ohnehin sehr variabeln Beträge in Rechnung zu ziehen, wenn irgend ein „Gut" (im Sinne der Nationalökonomen) zum Verkauf kommt. — Selbst die Kulturkosten, deren Betrag pro ha des Normalwaldes ohnedies unerheblich, möchten wir nicht in Abzug

gebracht wissen, da angenommen werden darf, daß dieselben durch den Eingang unvorherzusehender (ebenwohl außer Rechnung bleibender) Nebennutzungen vollkommen gedeckt werden. — Wir werden daher in der Folge als Waldreinertrag diesen, allein von den Erntekosten befreiten Holz-Geldertrag bezeichnen.

Dies vorausgeschickt, schreiten wir nun zur Lösung unserer eigentlichen Aufgabe, die in dem Satze gipfelt:

„Der Tauschwerth des Waldbodens läßt sich ohne Discontorechnung sofort bestimmen, wenn eine auf die betr. Lokalität selbst, oder auf eine solche von gleicher Beschaffenheit sich beziehende Holz-Geld-Ertragstafel vorliegt."

Wir ermitteln alsdann, auf Grund der vorliegenden Ertragstafel (mittelst eines einfachen Additionsexempels cf. G. Heyers Anleitung zur Waldwerthrechnung, Leipzig 1865, Seite 158), vor Allem die Umtriebszeit des größten Waldreinertrags des Normalwaldes; denn der Verkäufer wird, wie oben erwähnt und selbstverständlich, nur die größtmögliche Rente in Rechnung ziehen, die ihm sein Wald abzuwerfen vermag, wenn er sich über den Verkauf entscheiden soll, und auch der Käufer wird, von gleichem Gesichtspunkt auszugehen, keinen Anstand nehmen. Nennen wir nun r_u den jährlichen Waldreinertrag, wenn die Umtriebszeit u des größten Waldreinertrags eingehalten wird, p das Procent, über das Käufer und Verkäufer bei Kapitalisirung des Reinertrags sich stillschweigend einigen und W_u den Waldtauschwerth, so ist:

$$W_u = \frac{r_u}{0{,}0p}$$

und W_u repräsentirt in diesem Fall den Tauschwerth des **Normalwaldes**, mithin des Bodens, **einschließlich** des darauf stockenden normalen Vorraths. —

Bei Einhaltung einer Umtriebszeit von u Jahren und unter der Voraussetzung, daß der Wald einen jährlich gleich großen Geldertrag ($= r_u$) abwerfen soll, ist jedoch der Normalvorrathswerth ($= N_u$) in vollem Betrage vorhanden, wenn:

$$N_u = \frac{u \cdot r_u}{2}$$

In diesem Falle läßt sich nämlich, weil alsdann der jährliche Werthszuwachs dem Waldreinertrag gleichsteht, der der Rechnung zu Grund liegende Waldreinertrag ($= r_u$) jährlich nutzen, ohne daß der Normalvorrathswerth gemindert wird, und die normale Schlagreihe und Altersstufenfolge stellt sich allmählig von selbst her. (Man vergleiche die analogen Betrachtungen in C. Heyers Waldertragsregelung, Gießen 1841.)

Nennen wir daher B_u den Waldboden-Verkaufs- oder Tauschwerth, so ist:

$$W_u = B_u + N_u$$
$$B_u = W_u - N_u$$
$$B_u = \frac{r_u}{0{,}op} - \frac{u \cdot r_u}{2}$$
$$B_u = r_u \cdot \left(\frac{1}{0{,}op} - \frac{u}{2}\right)$$
$$B_u = r_u \cdot \left(\frac{100}{p} - \frac{u}{2}\right)$$

Diese einfache, nur mit reellen Werthen ausgestattete Formel liefert uns demnach direkt aus den Zahlenangaben der Ertragstafel den Verkaufs- oder Tauschwerth des Waldbodens. Zugleich giebt uns diese Formel, da B_u niemals negativ, sondern im äußersten Falle nur $= \theta$ werden kann (wenn der Boden, anstatt verkauft, verschenkt wird), den Maximalwerth für p an.

Es ist nämlich, wenn $B_u = \theta$ gesetzt wird:

$$\frac{100}{p} = \frac{u}{2}$$
$$p = \frac{200}{u}$$

mithin im Allgemeinen und für alle Fälle:

$$p = \text{oder} < \frac{200}{u}$$

Hieraus ist ferner ersichtlich, daß z. B. für Niederwald, bei welchem die Umtriebszeit des größten Reinertrags, meist noch unter das 20. Jahr fallen wird, p bis zu 10 Procent und mehr anwachsen kann, daß mithin Niederwaldwirthschaft, selbst wenn man hohe Bodenpreise bezahlt hat, immer noch sehr hoch rentiren kann.

Statt weiterer Ausführungen ziehen wir vor, die Consequenzen unserer Rechnungsweise an einem Beispiel nachzuweisen.

Wir wählen die Ertragstafel Tabelle A, Seite 155 der G. Heyer-schen Anleitung zur Waldwerthrechnung, Leipzig 1865, und die ebendaselbst Seite 158 veröffentlichte Tabelle D, aus welchen wir auszugsweise die zu unseren Berechnungen nöthigen Zahlen mittheilen, und die noch weiter erforderlichen, ebenso einfach zu berechnenden, einfügen:

Beträgt die Fläche einer Altersstufe = 1 ha, so hat man für eine Kiefern-Betriebsklasse von x ha

bei Einhaltung einer Umtriebszeit (= x) von:	20	30	40	50	60	70	80	90	100	Jahren
einen Abtriebsertrag (= A_x) von:	108	302	666	1267	2063	2970	3608	4214	4500	Mark
einen jährl. Waldreinertrag pro ha (= r_x), ohne Abzug v. Steuern, Verwaltungs- u. Kulturkosten — cf. pos. 4 —, von:	5,4	10,5	18,0	27,6	37,4	46,1	49,5	51,7	50,2	"
u. einen Normalvorrath pro ha $\left(= N_x = \frac{x \cdot r_x}{2}\right)$ von:	54	157	360	689	1121	1614	1978	2326	2512	"

Wie aus vorstehender Tabelle folgt, ist für die der betr. Ertragstafel entsprechende Bonität die Umtriebszeit (= u) des größten Reinertrags = 90 Jahre, und es beträgt der Reinertrag eines mit diesem Umtrieb behandelten Normalwaldes:

$$r_u = 51{,}7 \text{ ℳ.}$$

Der Tauschwerth des Normalwaldes pro ha (der Kaufpreis) ist daher, vorausgesetzt, daß Käufer und Verkäufer sich über einen Zinsfuß von 2 % in der Weise geeinigt haben, daß Verkäufer den mit 2 % berechneten Kapitalwerth des Waldes als die bis zur äußersten

Grenze ermäßigte Forderung, Käufer denselben als das bis zur äußersten Grenze erhöhte Gebot betrachtet:

$$W_u = \frac{r_u}{0{,}op} = \frac{51{,}7}{0{,}02} = 2585 \mathcal{M}.$$

Der Tauschwerth eines Hektar des **Normalwaldes**, d. h. eines Hektar Waldbodens, auf welchem der Normalvorrath stockt, beträgt mithin = 2585 *M*. Der Normalvorrath ist jedoch in dem vorliegenden Falle vorhanden, wenn der fragliche Wald mit Holz bestanden ist, welches (vide die Tabelle) einen Werth von pro ha = 2326 *M* hat

$$N_u = \frac{u \,.\, r_u}{2} = \frac{90 \,.\, 51{,}7}{2} = 2326 \mathcal{M}$$

mithin ergiebt sich als Verkaufs- oder Tauschwerth des unbestockten **Bodens** pro ha:

$$B_u = W_u - N_u = 2585 - 2326 = 259 \mathcal{M}.$$

Dieser Tauschwerth des unbestockten Waldbodens im Betrage von = 259 *M* pro ha muß selbstverständlich unverändert derselbe bleiben, resp. als unveränderlich betrachtet werden, ob nun der Käufer des Waldes in der Folge zu niedrigerem oder höherem Umtrieb übergeht, als demjenigen, welcher den größten Reinertrag abwirft; dagegen wird der Zinsfuß variiren, mit dem das in „Wald" angelegte Geldkapital des Waldkäufers in dem einen oder anderen Falle sich rentirt.

Von vornherein läßt sich schon schließen, daß je nach dem geringeren oder höheren Grad der Sicherheit, mit der auf den regelmäßigen Eingang des Waldertrags gezählt werden kann, der Zinsfuß geringer oder höher sich stellen wird. Ein je höherer Umtrieb eingehalten wird, um so größer ist die Sicherheit, mit welcher auf einen jährlich gleichen Ertrag (auf ewige Zeiten) gezählt werden kann, der Zinsfuß wird daher ein geringerer werden, als der bei dem Ankauf zu Grunde gelegte, wenn man die Umtriebszeit erhöht. Je mehr die Umtriebszeit herabgesetzt wird, um so unsicherer ist der regelmäßige Eingang des sich berechnenden Jahresertrags, und wegen dieser Unsicherheit muß man durch höheren Zinsfuß entschädigt werden. — Selbstverständlich kann man jedoch durch Verkürzung des Umtriebs auf einem Punkt erlangen, woselbst der Zinsfuß wieder sinkt, was dann als ein Zeichen betrachtet werden muß, daß ein solcher Umtrieb — in Ansehung der Höhe des im concreten Falle bezahlten Ankaufspreises — höchst unwirthschaftlich; als äußerste Grenze erhält man für die Umtriebszeit = θ (wenn man den Boden brach liegen läßt) auch den Zinsfuß = θ.

Betrachten wir in dieser Richtung unser Zahlenbeispiel und bedenken, daß zwar der Tauschwerth, zu welchem wir den Waldboden erworben haben, unverändert derselbe = B_u = 259 ℳ bleibt, daß jedoch der Waldwerth = W_x mit der Größe des jährlichen Reinertrags = r_x und dieser letztere mit der Umtriebszeit = x sich ändert, daß mithin für eine beliebige Umtriebszeit = x:

$$\frac{r_x}{0{,}op} = W_x = B_u + N_x$$

$$0{,}op = \frac{r_x}{B_u + N_x}$$

$$p = \frac{100 \,.\, r_x}{B_u + N_x}$$

so erhalten wir für 100jährigen Umtrieb (vide obige Tabelle):

$$p = \frac{100 \,.\, 50{,}2}{259 + 2512} = 1{,}8\ \%$$

für 80jährigen Umtrieb:

$$p = \frac{100 \,.\, 49{,}5}{259 + 1978} = 2{,}2\ \%$$

für 60jährigen Umtrieb:

$$p = \frac{100 \,.\, 37{,}4}{259 + 1121} = 2{,}7\ \%$$

für 40jährigen Umtrieb:

$$p = \frac{100 \,.\, 18{,}0}{259 + 360} = 2{,}9\ \%$$

für 30jährigen Umtrieb:

$$p = \frac{100 \,.\, 10{,}5}{259 + 157} = 2{,}5\ \%$$

Hiernach ist in dem vorliegenden Falle, in welchem man den Waldboden mit = 259 ℳ bezahlt hat, der 40jährige Umtrieb der niedrigste, zu welchem man ohne offenbaren Nachtheil herabgehen kann. Es ist jedoch deßhalb, weil der 40jährige Umtrieb mit

= 2,9 % rentirt, während der 90jährige nur 2 % abwirft, noch keineswegs gesagt, daß der 40jährige Umtrieb vortheilhafter als der 90jährige sei, denn die 0,9 %, welche man bei ersterem mehr erzielt als bei letzterem, bieten nur eine Entschädigung dafür, daß man auf das so viel sicherere Eingehen eines an sich höheren Ertrags verzichtet. Es hängt ganz allein von der Anschauungsweise des jeweiligen Waldbesitzers ab, ob er dem unsicheren Eingehen eines höheren Procentsatzes von einem geringeren Waldkapital, oder dem sicheren Eingehen eines geringeren Procentsatzes von einem höheren Waldkapital den Vorzug geben will, wenn er vor die Wahl gestellt ist, mit geringem oder mit hohem Umtrieb zu wirthschaften.

Gehen wir — um noch ein weiteres Beispiel zu betrachten — von der Voraussetzung aus, daß Käufer und Verkäufer sich bei Festsetzung des Tauschwerths des Normalwaldes stillschweigend darüber geeinigt hätten, den Waldreinertrag mit = 1,5 % zu kapitalisiren, so betrüge der Tauschwerth des Normalwaldes pro ha:

$$W_u = \frac{r_u}{0{,}op} = \frac{51{,}7}{0{,}015} = 3447 \text{ M}$$

mithin der Tauschwerth des Bodens:

$$B_u = W_u - N_u = 3447 - 2326 = 1121 \text{ M}.$$

Der Zinsfuß würde dann, bei Uebergang zu anderen Umtrieben, noch weniger variiren, als im vorgehenden Beispiel, und wir hätten für 100jähr. Umtrieb:

$$p = \frac{100 \,.\, 50{,}2}{1121 + 2512} = 1{,}38\,\%$$

für 80jähr. Umtrieb:

$$p = \frac{100 \,.\, 49{,}5}{1121 + 1978} = 1{,}59\,\%$$

für 60jähr. Umtrieb:

$$p = \frac{100 \,.\, 37{,}4}{1121 + 1121} = 1{,}66\,\%$$

für 50jähr. Umtrieb:

$$p = \frac{100 \,.\, 27{,}6}{1121 + 689} = 1{,}52\,\%$$

woraus hervorgeht, daß in dem nunmehr vorliegenden Falle, in welchem man den Waldboden mit = 1121 M bezahlt hat, schon ein Herabgehen bis zu 50jährigem Umtrieb unwirthschaftlich, und daß überhaupt der Gewinn an Verzinsungsprozentsatz, welchen man in diesem Falle durch Herabsetzung der Umtriebszeit erzielt, sehr unbedeutend ausfällt. —

Im Allgemeinen können wir aus Vorstehendem den — auch mit den thatsächlichen Verhältnissen vollkommen übereinstimmenden — — Schluß ziehen, daß die Vortheile einer Verkürzung des Umtriebs für den Waldkäufer resp. Waldbesitzer um so geringer sind, je mehr Werth derselbe auf den eigentlichen Grundbesitz legt, d. h. je höher er den Waldboden gekauft hat, oder je höher er den Werth des Bodens veranschlagt.

Der Staat insbesondere, der auf den Grundbesitz den höchsten Werth und zugleich auf die Sicherheit des regelmäßigen (für ewige Zeiten dauernden) Eingehens des Ertrags das größte Gewicht zu legen hat, kann — nach Vorstehendem — recht wohl selbst eine höhere Umtriebszeit als diejenige des größten Waldreinertrags einhalten, ohne einer unwirthschaftlichen Maßregel beschuldigt werden zu können, denn der geringe Zinsenverlust, welcher bei Erhöhung der Umtriebszeit über diejenige des größten Waldreinertrags hinaus eintritt, dürfte durch die größere Sicherheit, mit welcher dann auf das alljährliche regelmäßige Eingehen des Ertrags gezählt werden kann, wieder reichlich kompensirt werden. Zugleich gewährt die größere Kapitalanlage in stockendem Holzvorrath, welche durch Erhöhung des Umtriebs eintritt, dem Staate die Möglichkeit, große Kapitalien im Nothfall sofort flüssig zu machen, und auch diesem Vortheil möchte ein geringer Zinsenbetrag wohl geopfert werden dürfen. Wir behalten uns vor, von dem Grundprincip, daß der Bodenwerth nur unter Zugrundlegung des größten Reinertrags des Normalwaldes berechnet werden darf, und daß dieser Reinertrag dauernd erfolgt, sobald der vorhandene Holzbestand, seinem Geldwerthe nach, dem Werth des Normalvorraths entspricht, ausgehend, den Nachweis zu liefern, daß alle Probleme der Waldwerthrechnung auf die einfachste Weise gelöst werden können, sobald nur ausreichende Ertragstafeln vorliegen. —

Man könnte jedoch gegen unser Rechnungsverfahren den Einwand erheben, daß bei Ermittelung des „Waldtauschwerths" aus der Formel:

$$W_u = \frac{r_u}{0{,}op}$$

immerhin noch sehr willkürlich verfahren würde, und man die verschiedensten Werthe für einen und denselben „Wald" erhalte, je nachdem man mit höherem oder niedrigerem Zinsfuß (wenn auch innerhalb der durch unsere Formel: $p =$ od. $< \frac{200}{u}$ gesteckten Grenzen) den Reinertrag kapitalisire.

Um diesem Einwand von vornherein zu begegnen, wollen wir noch ein Verfahren mittheilen, um — wenn man so will — den richtigen Zinsfuß zu ermitteln, ohne dem Käufer oder Verkäufer jedoch zuzumuthen, nach diesem sog. „richtigen" Zinsfuß auch wirklich zu rechnen, denn aus der Verschiedenheit der Interessen, welche zum Kauf oder Verkauf veranlassen, folgt mit Nothwendigkeit, daß eine Sache entweder unter oder über ihrem sog. „wahren" Werth gekauft oder verkauft wird.

Wir müssen zu diesem Zwecke vor allen Dingen bedenken, daß der Geldwerth des Normalvorraths durch einen Holzbestand repräsentirt wird, welcher einen Abtriebsertrag von gleichem Werthe liefert, und müssen in der vorliegenden Ertragstafel das Alter ($= n$) aufsuchen, in welchem der Abtrieb des Holzbestands diesen Ertrag abwirft. Bei 90jähr. Umtrieb beträgt z. B. der Werth des Normalvorraths (vide obige Tabelle) = 2326 ℳ; ein Holzbestand von = 60 Jahren liefert einen Abtriebsertrag von = 2063 ℳ, ein solcher von 70 Jahren einen Abtriebsertrag von = 2970 ℳ, mithin fällt das fraglich Holzalter zwischen das 60. und 70. Jahr und kann mittelst Interpolation zu = 63 Jahren ermittelt werden. Der für dauernden Bezug des größten Waldreinertrags (welcher bei normalen Verhältnissen durch Einhaltung 90jähriger Umtriebszeit erzielt wird) erforderliche Normalvorrathswerth wäre mithin in vorliegendem Falle vorhanden, wenn der ganze Wald mit 63jährigem Holz bestockt wäre.

Wenn wir jenes Alter n (welches, wie wir an vorstehendem Beispiel gesehen haben, keineswegs dem halben Umtriebsalter gleich ist, sondern für 90jähr. Umtrieb erst in das 63. Altersjahr fällt) als „Normalvorrathsalter" bezeichnen, und nennen dann:

den unbekannten Bodenwerth = y,
das unbekannte Verzinsungsprocent = z,
die Kulturkosten = c
und die Summe aller auf das Normalvorrathsalter
für die Umtriebszeit des größten Waldreinertrags vernachwertheten Zwischennutzungen $= \Sigma D_b . 1{,}0z^{n-b}$,
so haben wir, wenn wir bedenken, daß wir bei Ankauf einer Blöse bis zum Eintritt des zu erziehenden Bestandes in das Normalvorrathsalter auf jede Nutzung — mit Ausnahme der bis dahin erfolgten Zwischennutzungen — verzichten müssen, von da an aber den höchsten Reinertrag alljährlich beziehen können, die Gleichung:

$$\text{I.} \quad (y + c) . 1{,}0z^n - \Sigma D_b . 1{,}0z^{n-b} = \frac{r_u}{0{,}0z} \; {}^{*)}$$

Ferner besteht aber auch noch die Gleichung:

$$\text{II.} \quad \frac{r_u}{0{,}0z} = \frac{u . r_u}{2} + y$$

Wir haben also 2 Gleichungen mit 2 unbekannten Größen z und y, so daß wir die Werthe **beider** Unbekannten daraus ermitteln können.

Auf algebraischem Wege ist dies zwar, wie man sich leicht überzeugen wird, nicht möglich; durch Probiren jedoch, indem wir z verschiedene Werthe beilegen, und untersuchen, für welchen Werth von z beiden Gleichungen näherungsweise Genüge geschieht, können wir den Werth für z ermitteln, und dieser Werth für z würde dann das sog. „**richtige**" Verzinsungsprocent repräsentiren.

Ein weiterer Einwand könnte dahin geltend gemacht werden, daß wir für unsere Behauptung: „der Waldreinertrag lasse sich ohne Schmälerung des vorhandenen Normalvorrathswerths alljährlich nutzen, wenn $N_u = \frac{u . r_u}{2}$, in specie wenn der ganze Wald mit Holz vom

---

*) Die Gleichung I. ist nur unter der Annahme vollkommen richtig, daß eine Waldblöse so lange von Steuern und Verwaltungskosten frei sei, bis der Normalvorrathswerth hergestellt ist, anderen Falls würde, wenn s den Betrag der jährlichen Steuern und Verwaltungskosten bedeutet, der erste Theil der Gleichung sich noch um ein Glied, dessen Bedeutung man leicht entziffern wird, vermehren, und wir hätten:

$$(y + c) . 1{,}0z^n - \Sigma D_b . 1{,}0z^{n-b} + \frac{s . (1{,}0z^n - 1)}{1{,}0z^n . 0{,}0z} = \frac{r_u}{0{,}0z}$$

Normalvorrathsalter bestockt sei," den Beweis schuldig geblieben seien. — Wir müssen nun freilich gestehen, daß es uns nicht gelungen ist, einen streng mathematischen Beweis hierfür herzustellen. Man wird sich jedoch durch Probiren leicht überzeugen, daß in jedem beliebigen Wald, den man sich vollkommen mit Holz vom Normalvorrathsalter (= n) bestockt und in so viele Schläge eingetheilt denkt, als die Umtriebszeit Jahre enthält, bei alljährlicher Nutzung des Reinertrags (= r_u) pro ha, selbst wenn man vom Alter u an den Durchschnittszuwachs herabsetzt, oder sogar = θ annimmt, immer mehr als n Jahre verstreichen, ehe der alte Vorrath gänzlich aufgebraucht ist, und daß man daher in den nachgezogenen Beständen (neuen Vorrath) genügenden Ersatz vorfindet.

Ist der mit Holz im Normalvorrathsalter gleichmäßig bestockte Wald, dessen Größe wir am einfachsten als Einheit, mithin = 1 ha annehmen, in u Schläge eingetheilt, so beträgt die Anzahl y dieser Schläge, die in jedem betreffenden Jahre x (wo x die Werthe 0, 1, 2, 3, 4 .... hat) zur Nutzung kommen:

$$y = \frac{2}{u + 2 . x}$$

und es ist y das allgemeine Glied einer abnehmenden Reihe, die entsteht, wenn für x nach einander die Werthe 0, 1, 2, 3, ... gesetzt werden. Gelingt es, was uns bis jetzt nicht gelingen wollte, einen brauchbaren Ausdruck für das allgemeine summatorische Glied dieser Reihe aufzufinden, so dürfte auch der mathematische Beweis für unsere Eingangs erwähnte Behauptung leicht erbracht werden können.*)

*) Einen uns damals noch fehlenden einfachen Ausdruck für das summatorische Glied der Reihe, deren allgemeines Glied durch $y = \frac{2}{u + 2x}$ ausgedrückt wird, haben wir inzwischen einem Mathematiker, welchem wir von fraglichem Problem Mittheilung gemacht hatten, zu verdanken. Dieser Ausdruck lautet:

$$\sum_{x=o}^{x=x} \frac{2}{u + 2x} = \text{log. nat.} \frac{u + 2x}{u}$$

und sind wir daher nun jederzeit in der Lage, den mathematischen Beweis für die Richtigkeit der oben aufgestellten Behauptung zu erbringen. — Es ist uns zwar nicht unbekannt, daß die Lösung des in Rede stehenden Problems bereits von

Schließlich wollen wir noch bemerken, daß am Princip unserer Waldbodenwerthberechnungsweise nichts geändert wird, wenn unsere, in dem Eingang sub pos. 4 vorgetragene Ansicht über „Waldreinertrag" nicht getheilt werden sollte. Es müßte in diesem Falle nur das zur Berechnung von W_u angewandte r_u = dem Waldreinertrag excl. Steuern ꝛc. und das zur Berechnung von N_u angewandte r_u = dem Waldreinertrag incl. Steuern ꝛc. angenommen werden; und es wäre, wenn ersteres mit $r_{u'}$, letzteres einfach mit r_u bezeichnet wird:

$$B_u = \frac{r_{u'}}{0{,}0p} - \frac{u \,.\, r_u}{2}$$

Der Tauschwerth des Bodens (B_u) und ebenso der Zinsfuß (p) wäre dann nicht mehr blos von u und r_u, wie in unserer ursprünglichen Formel, sondern auch noch von dem Verhältniß abhängig, in welchem $r_{u'}$ zu r_u steht. Wir halten diese Abhängigkeit, wie schon erwähnt, zwar nicht für gerechtfertigt, wollten jedoch Denjenigen, die sich mit Weglassung der Steuern ꝛc. aus der Rechnung etwa nicht befreunden können, nachweisen, daß durch Einführung derselben in die Rechnung unseren Rechnungsprincipien durchaus kein Eintrag geschieht, indem nur eine formale, keine reale Aenderung als Resultat erscheint.

Prof. Dr. Clebsch zu Göttingen im VII. Band der Supplemente der Allgem. Forst- und Jagdzeitung versucht worden ist, allein die demselben scheinbar gelungene Lösung ist, unserer Ansicht nach, eine wenig glückliche. Abgesehen von den complicirten Ausdrücken, zu welchen Prof. Clebsch gelangt, sind die von ihm erzielten Resultate für unseren Zweck um deswillen nicht verwerthbar, weil bei Entwicklung der betr. Formeln von der Voraussetzung ausgegangen wird, daß der Holzvorrathswerth in Abhängigkeit von dem Bodenwerth stehe, diese Voraussetzung jedoch thatsächlich nicht besteht und bei unserem Rechnungsverfahren („Methode der Tauschwerthe") nicht zutrifft, denn der **Tauschwerth** der Holzbestände steht zu dem **Tauschwerth** des Bodens, auf welchem dieselben stocken, in durchaus keiner Relation.

II.

Der Tauschwerth der Holzbestände.

(Allgem. Forst- und Jagdzeitung. 1867. Juni.)

Unsere nachfolgenden Betrachtungen stehen in so inniger Beziehung zu unserer Abhandlung: „Der Tauschwerth des Waldbodens" — cf. S. 6 —, daß wir auf dieselbe von vornherein den eingehendsten Bezug nehmen und insbesondere auf unsere Ansichten über „Tauschwerth" im Gegensatz zu „Erwartungs- und Kostenwerth ꝛc." verweisen müssen. Jener Aufsatz giebt gleichsam die Basis ab, auf der das Nachstehende nur aufgebaut erscheint, so daß unsere gegenwärtigen Ausführungen nur im Hinblick auf das dort Vorgetragene werden beurtheilt werden können.

Betrachten wir den Wachsthumsgang eines Holzbestands von seiner Entstehung an bis zum Alter seiner Abständigkeit, und zwar in Beziehung auf den Werth, den er jeweilig in seinem von den Erntekosten befreiten Abtriebsertrag repräsentirt, und nehmen wir an, daß ununterbrochen Holzwirthschaft stattfinde, daß demnach dem Abtrieb des vorhandenen die Gründung eines neuen Bestandes sofort nachfolge, so können wir schon a priori schließen, daß innerhalb der weitgesteckten Grenzen (von der Entstehung bis zur Abständigkeit) jedenfalls ein Zeitpunkt eintreten müsse, in welchem der Abtrieb, resp. die Benutzung für den Besitzer des Holzbestands am absolut **vortheilhaftesten**.

Nehmen wir — hiervon ausgehend — jetzt einmal an, das Altersjahr, in welches diese vortheilhafteste Benutzung des Holzbestands fällt, sei bereits bekannt, und nennen wir dasselbe das Alter der Reife des Bestands, so ist klar, daß der Geldwerth des von den Erntekosten befreiten Abtriebsertrags, welchen ein im „Alter der Reife“ stehender Bestand liefert, als der Tauschwerth dieses Bestands betrachtet werden muß; denn es muß festgehalten werden, daß der „Tauschwerth“, durch welchen Käufer und Verkäufer in gleicher Weise befriedigt werden müssen, nur mit Rücksicht auf die **vortheilhafteste** Benutzung des Tauschobjects festgestellt werden kann.

Hat der zum Verkauf kommende Bestand das „Alter der Reife“ bereits überschritten, so wird sein Tauschwerth ebenwohl in seinem concreten Abtriebsertrag bestehen, denn der Nachtheil, welcher dem Verkäufer durch eine unwirthschaftliche Maßregel (Ueberschreitung des Alters der vortheilhaftesten Benutzung) bereits erwachsen ist, trifft nicht auch den Käufer, welcher den Abtrieb sofort einleiten und dann wirthschaftlicher verfahren kann. — Hat der Bestand jedoch das „Alter der Reife“ noch nicht erreicht, so daß sein sofortiger Abtrieb sowohl für den Verkäufer wie für den Käufer unvortheilhaft (mit Verlust verbunden) wäre, so kann auch der Abtriebsertrag desselben nicht den wirklichen Werth des Bestands repräsentiren (denn der Eintritt in das vortheilhafteste Abtriebsalter kann ja Seitens des Käufers abgewartet werden), sondern es muß in diesem Falle der „Tauschwerth“ des Holzbestands den concreten Abtriebsertrag, welchen er alsbald zu liefern vermöchte, übersteigen.

Abgesehen von der willkürlich gewählten Umtriebszeit (während nur diejenige des größten Reinertrags maßgebend sein darf) und den hieraus resultirenden Irrthümern, pflegte man seither den Werth jüngerer Bestände durch Discontirung mit willkürlich gewähltem Zinsfuß zu bestimmen, und kam schon allein hierdurch zu den widersinnigsten Resultaten. Es ist dies aber auch, unserer Ansicht nach, ein ganz unzulässiges Verfahren, denn der Werth eines wirthschaftlich unreifen Holzbestands ist von dem landesüblichen Zinsfuß, mit welchem ein dem Werth des reifen Bestands entsprechendes Geldkapital rentirend gedacht wird, überhaupt nicht abhängig, weil Holzbestände in ganz anderer Weise anwachsen als Geldkapitalien, und kann durch Discontirung mit feststehendem Zinsfuß überhaupt nicht berechnet werden, weil mit dem Alter der Bestände der Grad der Sicherheit für die Kapitalanlage, mithin auch der Zinsfuß fortwährend wechselt.

Der Tauschwerth eines Holzbestands wird vom 1ten bis aten Jahr (wenn wir mit a das „Alter der Reife" bezeichnen) fortwährend steigen, da mit zunehmendem Alter des Bestands der Zeitpunkt seiner vortheilhaftesten Benutzung immer näher rückt, bis er im aten Jahr mit seinem Abtriebsertrag ($= A_a$) zusammenfällt. Die Durchschnittsquote, um welche der Werth des Bestands alljährlich zunimmt, kann daher ausgedrückt werden durch:

$$\frac{A_a}{a}$$

und es kann weder der Käufer noch Verkäufer des Holzbestands sich benachtheiligt finden, wenn eine jährlich gleiche Werthsteigerung unterstellt wird, weil ja die Benutzung der sich anhäufenden Werthe unter allen Umständen erst im aten Jahre stattfinden soll.

Der **Tauschwerth** eines xjährigen Holzbestands ($= H_x$) wird daher ausgedrückt durch die einfache Formel:

$$H_x = \frac{A_a}{a} \cdot x$$

worin x die Werthe 0, 1, 2, 3 . . . . bis a annehmen kann.

Diese Formel — und dies ist gerade bei einer Formel für den „Tauschwerth" unerläßlich — enthält keine Unterstellung, welche nicht in gleicher Weise sowohl den Ansprüchen des Käufers, wie denjenigen des Verkäufers Rechnung trägt. Der Tauschwerth eines wirthschaftlich unreifen Holzbestands kann nach derselben direct aus den Zahlenangaben der betr. Ertragstafel (ohne Discontorechnung) entnommen werden, sobald a eine bekannte Größe ist.

Es handelt sich daher jetzt um Entscheidung der Frage, welches Bestandsalter als das „Alter der Reife" ($=$ a) anzusehen ist, da hiervon in erster Linie der Tauschwerth unreifer Bestände abhängig erscheint.

Wie nun aus unserer Abhandlung: „Der Tauschwerth des Waldbodens" — cf. Seite 10 — entnommen werden wolle, berechnet sich der Geldwerth des Normalvorraths ($= N_u$) für einen Wald, welcher bei Einhaltung der Umtriebszeit u den größten jährlichen Reinertrag ($= r_u$) liefert, nach der Formel:

$$N_u = \frac{u \cdot r_u}{2}$$

Ferner wurde dort das Alter, in welchem der Holzbestand einen dem Geldwerth dieses Normalvorraths gleichen Abtriebsertrag liefert, das Normalvorrathsalter genannt und nachgewiesen, daß aus einem Bestand, welcher das „Normalvorrathsalter für die Umtriebszeit des größten Waldreinertrags" erreicht hat, jährlich nachhaltig der größte Reinertrag, ohne Minderung des Materialkapitalwerths, bezogen werden kann.

Von diesem Altersjahre an muß daher die wirthschaftliche Reife eines Holzbestandes, d. h. der Zeitpunkt, von welchem an die Möglichkeit der vortheilhaftesten Benutzung des betr. Holzbestands vorliegt, datirt werden; es fällt sonach das „Alter der Reife" mit dem „Normalvorrathsalter für die Umtriebszeit des größten Waldreinertrags" zusammen und kann in der jeweilig vorliegenden Ertragstafel aufgeschlagen, resp. durch Interpolation gefunden werden — cf. Abhandlung Nr. I.

In unserer Formel für den Tauschwerth des Holzbestands ist jetzt a eine bekannte Größe und:

$$A_a = N_u = \frac{u \cdot r_u}{2}$$

so daß dieselbe nunmehr in folgender Gestalt erscheint:

$$H_x = \frac{A_a}{a} \cdot x = \frac{N_u}{a} \cdot x = \frac{u \cdot r_u}{2 \cdot a} \cdot x$$

Um die Consequenzen unseres Rechnungsverfahrens an einem Zahlenbeispiel zu prüfen, wählen wir wieder die in unserer Abhandlung Nr. I benutzte Ertragstafel, auf welche wir hiermit verweisen wollen — cf. Seite 12. —

Es beträgt hiernach:

$$N_u = \frac{u \cdot r_u}{2} = 2326 \; \mathcal{M}$$

und das Jahr a fällt, wie wir auf Seite 17 gesehen haben, in das 63. Bestandsjahr, so daß wir unter den concreten Ertragsverhältnissen für den Werth jedes jüngeren, mithin wirthschaftlich unreifen Holzbestands den allgemeinen Ausdruck erhalten:

$$H_x = \frac{2326}{63} \cdot x = 36{,}9 \cdot x$$

in welchem x die Werthe 0, 1, 2, 3 . . . . . bis 63 annehmen kann, und in diesen Werthen die jeweiligen Bestandsalter angiebt.

Setzen wir z. B. $x = 1$, so ist:

$$H_1 = 36,9 \,.\, 1 = 36,9$$

d. h. der Tauschwerth des einjährigen Holzbestands beträgt = 36,9 ℳ pro ha;

setzen wir $x = 20$, so ist:

$$H_{20} = 36,9 \,.\, 20 = 738$$

d. h. der Tauschwerth des 20 jährigen Bestands beträgt = 738 ℳ pro ha;

setzen wir $x = 50$, so ist:

$$H_{50} = 36,9 \,.\, 50 = 1845$$

d. h. der Tauschwerth des 50 jährigen Bestands beträgt = 1845 ℳ pro ha.

An unsere Berechnungsweise des „Tauschwerths" unreifer Holzbestände knüpfen wir endlich noch einige Folgerungen, welche für die Richtigkeit des Rechnungsverfahrens dadurch Zeugniß ablegen, daß sie zu völlig korrekten Resultaten führen.

1) Die Differenz zwischen dem Tauschwerth eines unreifen Holzbestands und dem effectiven Abtriebsertrag desselben giebt den Verlust an, welchen man durch vorzeitigen Abtrieb (bevor der Bestand in vorliegendem Falle das 63. Altersjahr erreicht hat) erleidet, und bildet demnach die Entschädigung ($= E_x$), welche dem Besitzer des Bestands geleistet werden muß, wenn der vorzeitige Abtrieb (insolange $x < 63$) etwa durch Expropriation ꝛc. erzwungen wird.

Im Allgemeinen ist:

$$E_x = H_x - A_x$$

und die Ertragstafel auf Seite 12 ergiebt z. B. für $x = 1$:

$$E_1 = 36,9 - 0 = 36,9 \text{ ℳ pro ha;}$$

für $x = 20$:

$$E_{20} = 738 - 108 = 630 \text{ ℳ pro ha;}$$

für $x = 50$:

$$E_{50} = 1845 - 1267 = 578 \text{ ℳ pro ha;}$$

woraus ersichtlich, daß die Entschädigung anfänglich rasch wächst und dann, je mehr das Bestandsalter dem Alter der Reife sich nähert, wieder sinkt.

Zur Berechnung dieser Entschädigung für den Abtrieb unreifer Bestände benutzte man seither häufig den sog. „Kostenwerth" und kam dadurch zu dem gewiß widersinnigen Resultat, daß (wenn man die wirklich aufgewandten Kosten in Rechnung zog) für denjenigen Holzbestandsbesitzer, welcher theuer kultivirt hatte, sich eine hohe und für denjenigen, welcher billig kultivirt hatte, nur eine geringe Entschädigung berechnete.

2) Ferner läßt sich aus den für unreife Holzbestände verschiedenen Alters gefundenen Tauschwerthen rückwärts auf den Zinsfuß schließen, mit welchem die diesen Werthen entsprechenden Geldkapitalien jeweilig anwachsend gedacht werden können, und es muß, wenn unser Rechnungsverfahren richtig ist, sich herausstellen, daß dieser Zinsfuß fortwährend variirt. — Je älter der unreife Bestand, um so größer ist nämlich die Sicherheit, mit welcher darauf gezählt werden kann, daß er das Alter seiner vortheilhaftesten Benutzung (das Alter der Reife) erreiche, während umgekehrt für junge Bestände nur geringe Sicherheit vorliegt, daß sie in dieses Alter ungefährdet eintreten. Nach dem größeren oder geringeren Grade dieser Sicherheit richtet sich aber die Höhe des Zinsfußes; der Zinsfuß, mit welchem das dem Holzbestands-Tauschwerth entsprechende Geldkapital anwachsend gedacht werden kann, wird daher im 1. Jahre am größten sein, und in dem von uns gewählten Beispiel bis zum 63. Jahre stetig abnehmen.

Für $x = 1$ ist, wie wir oben gesehen haben:

$$H_1 = 36{,}9 \text{ ℳ pro ha}$$

und im Alter der Reife, mithin für $x = 63$:

$$H_{63} = N_u = 2326 \text{ ℳ pro ha.}$$

Der Tauschwerth des Holzbestands wächst daher vom 1. bis 63. Jahr von = 36,9 ℳ auf = 2326 ℳ, und wir haben zu unserem Zwecke (zur Ermittelung des Verzinsungsprocents) einfach die Frage zu lösen, mit welchem Zinsfuß ein Geldkapital von = 36,9 ℳ anwachsend gedacht werden muß, wenn es nach Ablauf von = 63 — 1 = 62 Jahren einen Werth = 2326 ℳ erreicht haben soll.

Wir lösen jedoch diese Frage, indem wir das unbekannte Verzinsungsprocent mit = z bezeichnen, durch Auflösung der Gleichung:

$$36{,}9 \;.\; 1{,}0\,z^{63\,-\,1} = 2326$$

$$1{,}0\,z = \sqrt[62]{\frac{2326}{36{,}9}} = 1{,}069$$

woraus:

$$z = 6{,}9$$

und finden daher, daß der Holzbestandstauschwerth vom 1. bis 63. Jahr mit = 6,9 Procent anwächst.

Für $x = 20$ ist, wie wir früher gesehen haben, der Tauschwerth des 20jährigen Holzbestands:

$$H_{20} = 738 \text{ ℳ pro ha}$$

nnd wächst bis zum Alter der Reife ebenwohl auf = 2326 ℳ pro ha an, wir finden daher den Zinsfuß, mit welchem der Tauschwerth des 20jährigen Bestands anwachsend gedacht werden kann, durch Auflösung der Gleichung:

$$738 \;.\; 1{,}0\,z^{63-20} = 2326$$

$$1{,}0\,z = \sqrt[43]{\frac{2326}{738}} = 1{,}026$$

woraus:

$$z = 2{,}6$$

Es wächst mithin der Holzbestandstauschwerth vom 20. bis 63. Jahr nur noch mit = 2,6 Procent an.

In analoger Weise finden wir für $x = 50$ und resp. für $H_{50} = 1845$ M. pro ha, aus der Gleichung:

$$1845 \;.\; 1{,}0\,z^{63-50} = 2326$$

$$1{,}0\,z = \sqrt[13]{\frac{2326}{1845}} = 1{,}018$$

$$z = 1{,}8$$

daß der Holzbestandstauschwerth vom 50. bis 63. Jahr nur noch mit = 1,8 Procent anwächst.

Im Allgemeinen findet zur Bestimmung des Zinsfußes, mit welchem der Tauschwerth eines wirthschaftlich unreifen Holzbestands bis zum Eintritt in das Alter der Reife anwachsend gedacht werden kann, die Formel Anwendung:

$$H_x \;.\; 1{,}0\,z^{a-x} = A_a = N_u$$

$$1{,}0\,z = \sqrt[a-x]{\frac{N_u}{H_x}}$$

in welcher z das Verzinsungsprocent, a das Alter der Reife, H_x den

Tauschwerth des unreifen Holzbestands im Alter x und A_a den Abtriebsertrag des Holzbestands im Alter a, welcher dem Tauschwerth des a jährigen Holzbestands ($= H_a$) und resp. dem Tauschwerth des Normalvorraths ($= N_u$) gleichsteht, bedeutet, und in welcher x die Werthe 0, 1, 2, 3 . . . . . . bis a annehmen kann.

Aus Vorstehendem ist ersichtlich, daß diejenigen Praktiker, welche längst (in der Voraussetzung, daß das bisher übliche Discontirungsverfahren bei Bestimmung des Werthes unreifer Holzbestände angewandt werden müsse) die Nothwendigkeit betonten, bei dem Ankauf jüngerer Bestände mit höherem Zinsfuß zu rechnen als bei dem Ankauf älterer, hierzu vollkommen berechtigt waren und nur um deßwillen keine Anerkennung fanden, weil sie ihre Ansicht nicht genügend zu begründen vermochten, und die von ihnen vorgeschlagene Steigerung des Zinsfußes eine völlig willkürliche war.

Wir erhalten übrigens durch Anwendung obiger Formel stets einen etwas geringeren Zinsfuß, als derjenige ist, mit welchem das Anwachsen des in dem „Holzbestand" als angelegt gedachten Geldkapitals wirklich stattfindet, weil der Tauschwerth des x jährigen Bestands ($= H_x$) innerhalb des Zeitraums vom x. bis a. Jahre nicht nur auf den Werth A_a ($= H_a = N_u$) anwächst, sondern auch noch auf den Werth, welcher durch die Summe der vom x. bis a. Jahre erfolgenden und auf das a. Jahr vernachwertheten Zwischennutzungen repräsentirt wird, so daß wir, wenn wir diese Summe mit $= \Sigma D_y \,.\, 1{,}0z^{a-y}$ bezeichnen, eigentlich zu der Formel gelangten:

$$H_x \,.\, 1{,}0z^{a-x} = N_u + \Sigma D_y \,.\, 1{,}0z^{a-y}$$

einer Gleichung, aus welcher sich der Werth von z nicht mehr auf algebraischem Wege, sondern nur noch durch Probiren ermitteln läßt.

Da durch vorstehende Ausführungen jedoch nur der Nachweis erbracht werden sollte, daß der forstliche Zinsfuß kein constanter, sondern ein fortwährend wechselnder, daß derselbe insbesondere in umgekehrtem Verhältniß zu dem Alter der Holzbestände stehe, und daß daher die Anwendung eines und des nämlichen Zinsfußes bei Feststellung des Werths verschiedenaltriger Holzbestände zu falschen Resultaten führen müsse, so dürfte auch die vorher entwickelte einfachere Formel für diesen Zweck völlig ausreichend erscheinen.

3) Endlich erhalten wir in den Holzbestands-**Tauschwerthen**

noch sehr interessante Aufschlüsse über den, ohne offenbaren Nachtheil zulässigen Kulturkostenaufwand.

Wenn wir bedenken, daß der **Tauschwerth** des 2, 3, 4, 5 .... jährigen Bestands, wie aus der Formel: $H_x = \frac{N_u}{a} \cdot x$ sofort ersichtlich, 2, 3, 4, 5 ...... mal größer ist, als der des einjährigen, und mit Verlust in so lange nicht gearbeitet wird, als die aufgewendeten Kulturkosten den Tauschwerth des hergestellten Holzbestands nicht übersteigen, so können wir hieraus schließen, daß z. B. Pflanzungen mit 2, 3, 4, 5 ...... jährigen Pflanzen (jedoch nur unter der Voraussetzung, daß die älteren Pflanzen mit gleicher Freudigkeit wie die jüngeren fortwachsen und in dem Alter der Reife einen Holzbestand von gleichem Werth liefern würden, einer Voraussetzung, die häufig nicht zutreffen wird) einen 2, 3, 4, 5 ...... fachen Kostenaufwand veranlassen dürfen, als solche mit einjährigen Pflanzen. Dagegen ist zu beachten, daß — wie wir sub pos. 2 gesehen haben — das auf die Pflanzung mit einjährigen Pflänzlingen verwandte Kapital mit höherem Zinsfuß anwächst als das auf die Pflanzung mit 5jährigen Pflanzen aufgewandte.

Der Tauschwerth des einjährigen Bestands beträgt in dem von uns als Beispiel gewählten concreten Falle:

$$H_1 = 36{,}9 \text{ ℳ pro ha}$$

eine Pflanzung mit einjährigen Kiefern darf daher unter den concreten Ertragsverhältnissen bis zu 36,9 ℳ pro ha kosten, weil dann die Herstellungskosten immer noch durch den Tauschwerth des hergestellten einjährigen Holzbestands gedeckt werden. Ist die Kultur billiger ausgeführt, so bringt dies dem Besitzer des einjährigen Holzbestands natürlich Gewinn, ist sie theuerer ausgeführt worden, so hat er mit Verlust producirt, denn der **Tauschwerth** des einjährigen Holzbestands (i. e. der Werth, welcher durch Ausführung der Kultur erzeugt worden ist) bleibt unveränderlich der **nämliche,** er ist von den Erzeugungskosten ganz unabhängig und steht geradezu im Gegensatz zu dem sogenannten „Kostenwerth“.

Der Tauschwerth des 2jährigen Holzbestands beträgt in unserem Beispiel:

$$H_2 = 36{,}9 \cdot 2 = 73{,}8 \text{ ℳ pro ha}$$

und bis zu diesem Betrage dürfen auch die Kulturkosten anwachsen, wenn mit 2jährigen Pflanzen kultivirt wird, ja, eine Kultur mit 5jährigen Kiefern — wenn auf ein sicheres Anschlagen und freudiges Fortwachsen 2c. gerechnet werden könnte — dürfte sogar:

$$36{,}9 \;.\; 5 = 184{,}5 \text{ ℳ pro ha}$$

kosten, da der Tauschwerth des 5jährigen Bestands sich ebenso hoch beziffert.

Wir gelangen daher zu dem Resultat, daß — abgesehen von technischen Motiven, welche in der Regel **maßgebend** bleiben müssen und uns meist zu natürlicher Verjüngung oder Saat bestimmen werden — Saaten billiger ausgeführt werden müssen als Pflanzungen, wenn sie vor letzteren in finanzieller Hinsicht einen Vorzug besitzen sollen, und daß Pflanzungen mit einjährigen Pflanzen sehr viel billiger ausgeführt werden müssen als solche mit älteren Pflanzen, wenn finanzielle Vortheile damit erzielt werden sollen.

Auch ist aus Vorstehendem leicht ersichtlich, daß die Höhe des Kulturkostenbetrags, welcher zur Herstellung eines Holzbestands aufgewendet werden darf, wesentlich von der Höhe des künftigen Tauschwerths des reifen Holzbestands abhängt, denn es ist:

$$H_x = \frac{H_a}{a} \,.\, x$$

mithin der Werth von H_x demjenigen von H_a direct proportional. Es ist daher ersichtlich, daß an Orten, woselbst das Holz hoch im Preise steht, größere Geldbeträge für Kulturen aufgewendet werden können, als an solchen, woselbst die Holzpreise niedrig stehen, ja daß selbst von dem specifischen Werth der anzubauenden Holzart der Maximalbetrag, welcher an Kulturkosten aufgewendet werden darf, abhängig sein kann.

Wird unseren Rechnungsprincipien und ihrer logischen und mathematischen Begründung die Anerkennang nicht versagt, so wird die tiefe Kluft, welche zwischen Theorie und Praxis gerade in den wichtigsten Fragen der Forstwirthschaft seither bestand, sich endlich schließen, und die Grundsätze, nach welchen die Praktiker seither schon unbewußt verfuhren, werden dann in der Theorie ihre volle Stütze und Begründung finden.

III.

Die naturgemäßen Folgen der Herabsetzung der Umtriebszeiten unserer Waldungen.

(Allgem. Forst- und Jagdzeitung. 1867. Oktober.)

In unserem Aufsatze: „Der Tauschwerth des Waldbodens“ — cf. Seite 6 — haben wir den Nachweis geliefert, daß der der Waldindustrie **eigenthümliche** Zinsfuß (der mit dem sog. landesüblichen Zinsfuß, dessen unmotivirte Oktroirung den Bankrott der Waldwirthschaft herbeizuführen droht, in gar keiner Beziehung steht) je nach Holz- und Betriebsart und anderen concreten Umständen, von sehr verschiedener Höhe sein kann; und haben weiter nachgewiesen, daß jeweilig die Höhe des Zinsfußes, mit dem in jedem concreten Falle die Waldwirthschaft rentirt, in erster Linie von der Höhe derjenigen Umtriebszeit abhängig ist, bei welcher in concreto der größte Reinertrag erzielt wird. — Wir fanden nämlich, daß im Allgemeinen, wenn p den Zinsfuß und u die Umtriebszeit des größten Waldreinertrags bedeutet:

$$p = \text{oder} < \frac{200}{u},$$

daß also die Höhe des Zinsfußes zur Höhe der Umtriebszeit des größten Reinertrags in umgekehrtem Verhältniß steht. Es handelt sich daher für **denjenigen** Waldbesitzer, der möglichst hohe Zinsen aus seinen in „Wald“ angelegten Geldkapitalien zu ziehen wünscht, vor allen Dingen **darum,** daß er — wenn dies nicht bereits der Fall ist — zu einer Holzart oder Betriebsart übergeht, welche, ausweislich der vorliegenden Ertragstafeln, den jeweilig größten Reinertrag am **frühzeitigsten,** also bei geringstem Umtriebsalter liefert.

Es sei z. B. die Umtriebszeit des größten Waldreinertrags:

1. für Buchenhochwald = 100 Jahre,
2. „ Kiefernhochwald = 90 „
3. „ Eichenniederwald = 20 „

so muß der **fragliche** Waldbesitzer (d. h. derjenige, welcher das höchste Verzinsungsprocent erstrebt) unbedingt — vorausgesetzt, daß Boden, Lage und Klima eine freie Wahl gestatten — für Eichenniederwald-Wirthschaft sich entscheiden, denn es ist:

$$\text{im 1. Fall } p = \text{oder} < \frac{200}{100} = 2{,}00$$

$$\text{„ 2. „ } p = \text{„} < \frac{200}{90} = 2{,}22$$

$$\text{„ 3. „ } p = \text{„} < \frac{200}{20} = 10{,}00$$

er kann mithin bei Eichenniederwald-Wirthschaft fünfmal höhere Zinsen als bei Buchen- und viermal höhere Zinsen als bei Kiefernwirthschaft von den in der Wirthschaft werbend angelegten Geldkapitalien erzielen.

In zweiter Linie kann aber auch der Waldbesitzer den Zinsfuß, zu dem seine in „Wald" angelegten Geldkapitalien sich rentiren, in jedem der drei obigen Fälle noch weiter dadurch steigern, daß er bis zu einem gewissen Grade unter die Umtriebszeit des größten Reinertrags herabgeht. — Der Zinsfuß p (cf. unsere oben erwähnte Abhandlung) berechnet sich nämlich nach der Formel:

$$p = \frac{100 \cdot r_x}{B_u + N_x}$$

in welcher B_u den Bodenwerth, r_x den Reinertrag, den der Wald bei Einhaltung einer Umtriebszeit von x Jahren abwirft und N_x den Normalvorrathswerth bedeutet, dessen Vorhandensein nothwendig ist, um den jährlichen Reinertrag r_x dauernd beziehen zu können, und es wird durch Herabsetzung der Umtriebszeit das Verzinsungsprocent p so lange wachsen, bis:

$$\frac{100 \cdot r_{x-1}}{B_u + N_{x-1}} = \text{oder} < \frac{100 \cdot r_x}{B_u + N_x}$$

Dieser Zeitpunkt wird bald früher, bald später eintreten; um so später, einen je geringeren, und um so früher, einen je größeren Werth B_u besitzt, d. h. die Vortheile einer Herabsetzung der Umtriebszeit werden um so früher ihre Grenze finden, einen je größeren Werth der Waldboden repräsentirt.

In fast allen Fällen wird jedoch der Waldbesitzer durch Herabsetzung der Umtriebszeit, sei es nun, daß er blos zu einer Betriebsart oder Holzart übergeht, welche den relativ größten Reinertrag schon bei niedrigerem Umtrieb liefert, oder daß er auch weiter noch unter die Umtriebszeit des relativ größten Reinertrags herabgeht, im Stande sein, den Procentsatz, mit welchem seine in „Wald" angelegten Geldkapitalien sich verzinsen, mehr oder weniger zu steigern. Er wird aber auch in allen Fällen durch Herabsetzung der Umtriebszeit und der dadurch bedingten Verminderung des Normalvorraths einen Theil seiner seither in „Wald" angelegten Geldkapitalen flüssig machen und zu freier Disposition erhalten.

Will der Waldbesitzer diese Kapitalien nicht geradezu verzehren, sondern auch ferner als zinstragende Kapitalien erhalten wissen, sich auch damit bei **anderen** industriellen Unternehmungen nicht betheiligen, sondern selbige der **Wald**industrie, der sie vorher angehörten, auch ferner widmen, so kann er dies nur dadurch, daß er solchen Grund und Boden, welcher seither landwirthschaftlichen Zwecken diente — wir setzen einen Kulturstaat voraus, in dem anbaufähige Wüstungen sich nicht vorfinden — ankauft und mit Holz kultivirt.

Handelt ein Waldbesitzer so „rationell" (um uns des Ausdrucks zu bedienen, welchen Preßler für diese Handlungsweise in Aufnahme gebracht hat) wie der andere, so wird durch die gesteigerte Nachfrage nach Grund und Boden der „Preis" oder „Werth" desselben sich sehr rasch und sehr bedeutend steigern. — Angenommen, daß bei den vorher geltenden niedrigen Bodenpreisen in concreto (beispielsweise bei Kiefernwirthschaft) ein 60jähriger Umtrieb die höchsten Zinsen abgeworfen hätte, und der Waldbesitzer daher auf diesen Umtrieb herabgegangen sei, so kann jetzt sehr leicht der Fall eintreten, daß bei den nunmehrigen, höheren Bodenpreisen nicht mehr ein 60jähriger, sondern vielleicht ein 80- oder 100jähriger Umtrieb die höchsten Zinsen gewährt, und derselbe Waldbesitzer jetzt consequenter Weise wieder zu einem höheren Umtrieb überzugehen genöthigt ist.

Ja, es kann ganz allgemein behauptet werden, daß die Herabsetzung der Umtriebszeiten unserer Waldungen eine Steigerung der Bodenwerthe in solchem Maße zur naturgemäßen Folge haben werde, daß nur wieder ein Zurückgehen zu höheren Umtrieben die Waldbesitzer vor offenbaren Zinsenverlusten sichern würde.

Die Unsicherheiten, die gegenwärtig in Bezug auf die sog. „rentabelste" Umtriebszeit in jedem concreten Falle bestehen, finden wesentlich ihre Ursache in dem Umstand, daß die absoluten Bodenpreise nicht feststehen, resp. das richtige Werthverhältniß zwischen Waldboden und Feldboden dermalen noch nicht hergestellt ist. — Es ist daher vorerst am zweckmäßigsten, in allen Fällen, in welchen der Waldboden nach Beschaffenheit und Lage auch ständig als Feld benutzt werden könnte, den Werth desselben dem der angrenzenden Felder auch mindestens gleich zu achten.

Liefert aber nun Waldboden, der als Feld nicht benutzt werden kann, vollkommen gleichen Ertrag mit solchem Waldboden, welcher nöthigenfalls auch als Feld benutzt werden könnte, so ist doch durchaus kein Grund vorhanden, den Werth des ersteren geringer anzuschlagen, als den des letzteren. Der Umstand, daß dies aber seither meistens geschah, ist vorzugsweise Veranlassung gewesen, die „Rentabilität" der niederen Umtriebszeiten in rosigstem Licht erscheinen zu lassen.

Denken wir uns, um das Zutreffende unserer Ausführungen sogleich an einem Beispiel nachzuweisen, zwei von einander getrennte Waldcomplexe, vollkommen in der Ebene gelegen, und rings von Feld umschlossen, je 50 ha enthaltend und vollkommen normal bestanden, welche sich in den Händen zweier verschiedener Waldbesitzer und einige Stunden von einander entfernt gelegen befinden. Auf dem einen werde Buchenhochwald-Wirthschaft mit 100 jährigem Umtrieb, auf dem anderen Eichenniederwald-Wirthschaft mit 20 jährigem Umtrieb getrieben, und es werfe sowohl der eine wie der andere 48 ℳ jährlichen Reinertrag pro ha ab; es sei ferner der Bodenwerth des einen wie des anderen demjenigen des angrenzenden Feldes gleich zu achten und betrage = 600 ℳ pro ha.

Beide Waldbesitzer wollen ihr Besitzthum aus irgend welchen Gründen gegenseitig miteinander austauschen und einigen sich dahin, daß bei den sonst völlig gleichen Verhältnissen nur die Differenz in dem Werth der verschiedenen Normalvorräthe in Geld auszugleichen sei.

Der Tauschwerth des Normalvorraths im Buchenhochwald beträgt pro ha:

$$N_{100} = \frac{100 \,.\, 48}{2} = 2400 \text{ ℳ},$$

der Tauschwerth des Normalvorraths im Niederwald pro ha:

$$N_{20} = \frac{20 \,.\, 48}{2} = 480 \text{ ℳ};$$

dem seitherigen Hochwaldbesitzer sind daher bei dem Umtausch seines Hochwalds gegen den fraglichen Niederwald:

$$2400 - 480 = 1920 \text{ ℳ}$$

pro ha, oder im Ganzen = 50 . 1920 = 96 000 ℳ herauszuzahlen.

Es rentirte seither der Hochwaldbetrieb nach der Formel:

$$p = \frac{100 \,.\, r_x}{B_u + N_x}$$

zu:

$$p_{100} = \frac{100 \,.\, 48}{600 + 2400} = \frac{4800}{3000} = 1{,}60\ \%$$

der Niederwaldbetrieb zu:

$$p_{20} = \frac{100 \,.\, 48}{600 + 480} = \frac{4800}{1080} = 4{,}44\ \%;$$

es besteht mithin gegenwärtig zu Gunsten des Niederwalds eine erhebliche Differenz im Procentsatz, mit dem beide Betriebsarten sich verzinsen, indem jener 2,8 mal höhere Zinsen abwirft, als der Hochwaldbetrieb.

Der jetzige Niederwaldbesitzer wünscht aber das in baarem Gelde erhaltene Kapital von 96 000 ℳ wieder in Wald anzulegen und kann dies nur dadurch, daß er von dem angrenzenden Felde noch circa 160 ha à 600 ℳ anzukaufen sucht.

Der Ankauf wird zwar nur nach und nach geschehen können, es wird aber demungeachtet schon durch den Versuch, dem Feldbau ein so bedeutendes Areal zu entziehen, der Preis des Bodens in loco sehr rasch steigen.

Nehmen wir an, daß diese Steigerung von 600 ℳ (dem seitherigen Preis) bis zu 3600 *M* pro ha in der betr. Gemarkung stattfinde, so wäre jetzt:

$$p_{20} = \frac{100 \,.\, 48}{3600 + 480} = \frac{4800}{4080} = 1{,}18\ \%$$

und mithin ersichtlich, daß jetzt, unter den veränderten Verhältnissen, der Niederwaldbetrieb geringere Zinsen abwirft, als unter den früheren Umständen der Hochwaldbetrieb (= 1,60 %) abgeworfen hatte und dem zweiten Waldbesitzer noch abwirft, da für ihn sich die Verhältnisse nicht geändert haben; der Niederwaldbetrieb rentirt jetzt nur noch mit 1,18 Procent, während der Hochwaldbetrieb unverändert mit 1,60 Procent sich verzinst, und mithin jetzt 1,4 mal höhere Zinsen abwirft als der Niederwaldbetrieb. — Es wäre daher, um die Bodenpreise in der betr. Gemarkung wieder herabzudrücken und in Folge davon den forstlichen Zinsfuß wieder zu erhöhen, dem Waldbesitzer zu empfehlen, einen Theil des angekauften Grund und Bodens wieder zu veräußern und den Erlös in Materialkapital (Holzvorrath) anzulegen, d. h. zu einem entsprechend höheren Umtrieb überzugehen.

Wir können unsere vorstehenden Betrachtungen schließlich in folgenden Sätzen zusammenfassen:

1. Werfen in specie hohe Umtriebe nur ganz geringe Zinsen ab, während niedrige Umtriebe sehr hoch rentiren, so rührt dies fast immer daher, daß die Bodenpreise sehr niedrig stehen, resp. mit sehr geringen Werthen — wir reden natürlich immer nur von „Tauschwerthen" — in Ansatz gekommen sind.

2. Geht man in solchen Fällen von hohen Umtrieben zu niedrigen über, ohne jedoch die hierdurch flüssig gewordenen Kapitalien der Waldwirthschaft dauernd zu entziehen, so hat dies naturgemäß eine Steigerung der Bodenpreise und damit zugleich eine Aenderung des Verzinsungsverhältnisses zu Gunsten der hohen Umtriebe zur Folge.

3. Stehen die Bodenpreise niedrig, so können sich die Waldbesitzer finanzielle Vortheile versprechen, wenn sie die Umtriebszeit für ihre Waldungen herabsetzen, d. h. wenn sie einen Theil des stockenden Holzvorraths veräußern und Grund und Boden dafür erwerben; stehen die Bodenpreise aber hoch, so kann es den Waldbesitzern auch umgekehrt finanziellen Vortheil bringen, wenn sie die Umtriebszeit er-

höhen, d. h. wenn sie einen Theil des Grund und Bodens veräußern und dafür den Holzvorrath vergrößern.

4. Im Allgemeinen wird stets das Fallen und Steigen der Bodenpreise auch stets ein Fallen und Steigen der sog. „rentabelsten" Umtriebszeit zur Folge haben; es wäre jedoch sehr thöricht, wenn man demgemäß mit der Umtriebszeit, oder gar der Betriebsweise fortwährend wechseln wollte, denn — abgesehen von den wirthschaftlichen Nachtheilen, die mit solchem Wechsel stets verknüpft sind, und die unter Umständen sehr bedeutend sein können, — der erhoffte Vortheil wird oft schon innerhalb der Zeiträume, die für derartige Uebergänge erforderlich, wieder illusorisch und eine Rückkehr zu dem kaum Verlassenen wieder wünschenswerth, oder vortheilhaft.

Insolange die absoluten Bodenpreise, resp. die Werthverhältnisse zwischen Wald- und Feldboden nicht feststehen, werden alle derartigen Speculationen, insofern sie eine gründliche und durchgreifende Aenderung des Bestehenden verlangen, immer als sehr gewagte betrachtet werden müssen.

IV.

Die finanziellen Vortheile hoher Umtriebszeiten.

(Allgem. Forst- und Jagdzeitung. 1869. Juni.)

Es wurde seither fast allgemein angenommen, (und diese Annahme entsprang aus den falschen Principien, die bei Berechnung des Waldwerthes Anwendung fanden), daß hohe Umtriebszeiten deshalb nicht rentabel seien, weil der Preis der Althölzer (starken Nutzhölzer) gegenwärtig zu niedrig stehe, und daß bei angemessener Preissteigerung der stärkeren Holzsortimente künftighin die Anzucht solcher Hölzer, resp. die Einhaltung höherer Umtriebe sich wieder besser rentiren würde.

Dies findet jedoch keineswegs statt, und wir treten mit dieser Lehre in direkten Widerspruch, indem wir behaupten, daß der Preis des Holzes und insbesondere der Preis der Althölzer auf die Rentabilität (das Verzinsungsprocent) hoher Umtriebszeiten nicht den geringsten Einfluß äußert.

Die Richtigkeit dieser These springt eigentlich sofort in die Augen, wenn wir einfach in Betracht ziehen, daß der in jedem concreten Falle der jeweiligen Waldbewirthschaftungsweise eigenthümliche Zinsfuß, dessen Maximalbetrag nach der Formel:

$$p = \frac{200}{u}$$

(in welcher p das Verzinsungsprocent und u die Umtriebszeit darstellt) ermittelt wird, zu den Holzpreisen in gar keiner Beziehung steht, sondern allein von der Höhe der Umtriebszeit abhängig ist.

Wenn nun wirklich der Fall eintreten sollte, daß die starken Sortimente erheblich besser bezahlt würden, als die schwachen, so müßte die Umtriebszeit des größten Reinertrags, wenn sie gegenwärtig z. B. in das 100. Jahr fällt, jedenfalls dadurch hinausgerückt werden, also künftig z. B. in das 120. Jahr fallen, und es würde, wenn man zu diesem höheren Umtrieb übergehen wollte, das Procent der Kapitalverzinsung jedenfalls ein geringeres werden, als das gegenwärtige. In beiden Fällen ergiebt sich der Maximalbetrag für das Verzinsungsprocent aus der Gleichung:

$$p = \frac{200}{u},$$

und es ist offenbar:

$$\frac{200}{120} < \frac{200}{100}.$$

Dagegen wird das Procent der Kapitalverzinsung, wenn man den bisherigen Umtrieb beibehält, von dem Steigen oder Fallen der Holzpreise absolut unbeeinflußt bleiben.

Die finanziellen Vortheile, die dem Waldbesitzer durch Erhöhung der Umtriebszeit, in Folge Steigens der Preise für Althölzer, erwachsen, bestehen daher niemals in einer Steigerung des Zins**fußes**, mit dem sein in „Wald" angelegtes Geldkapital rentirt, und können auch, der Natur der Sache nach, nicht hierin bestehen, sondern sie bestehen nur in einer Werthsteigerung eben dieses Geldkapitals und einer Steigerung des jährlich eingehenden Zinsen**betrags**.

Die Unzulässigkeit der seither üblichen Anschauungsweise können wir am besten dadurch zeigen, daß wir analoge Betrachtungen auf ein gewöhnliches Börsengeschäft anzuwendeu versuchen.

Angenommen, es kaufe Jemand ein 5procentiges Börsenpapier im Nominalwerth von 100 *M* zum Kurse von 50 *M*, so zieht er aus dieser Kapitalanlage offenbar 10 Procent Zinsen, und müßte sich — wenn wir eine ähnliche Betrachtungsweise, wie sie seither bei in „Wald" angelegten Kapitalien von den „forstlichen Finanzrechnern" beliebt wurde, einhielten, — höchst unglücklich fühlen, wenn nach einigen Jahren der Kurs des fraglichen Papiers auf 60 *M* gestiegen wäre.

Denn jene sogenannte „forstliche Finanzrechnung" würde einfach den Schluß ziehen, daß der Besitzer des fraglichen Börsenpapiers jetzt nicht mehr 10 Procent, wie früher, sondern nur 8,3 Procent Zinsen von seinem Kapital beziehe, und den Umstand ganz übersehen, daß eine gewiß sehr erwünschte Steigerung des Kapitalwerths stattgefunden hat. Ganz dasselbe Verhältniß findet bei nicht in „Börsenpapieren", sondern in „Wald" angelegten Kapitalien statt, wenn nicht „Papiere" im Curse, sondern „Althölzer" im Preise steigen, und mit Vergnügen wird der Waldbesitzer in solchen Fällen die Umtriebszeit erhöhen, wodurch er zwar den **Zinsfuß**, nach welchem seither sein Kapital rentirte, unter allen Umständen verringert, den Werth seines **Kapitals** aber erheblich zu steigern vermag. Ja, es hat in solchem Falle der „Wald" vor dem „Papier" noch den Vortheil voraus, daß, während bei letzterem einzig und allein nur der Werth des Kapitals sich steigert, bei ersterem mit der Werthsteigerung des Kapitals zugleich auch eine Werthsteigerung der Zinsen eintritt, also der **Betrag des Jahreseinkommens**, der für den Papierbesitzer unverändert bleibt, für den „Waldbesitzer" sich erhöht.

Ein weiteres Beispiel, das ebenfalls dazu dienen kann, die Unzulässigkeit der seitherigen, fast populär gewordenen Ansichten über den Waldbesitz und insbesondere über hohe Umtriebszeiten, resp. über die Präsenthaltung großer Materialvorräthe vor Augen zu führen, ist folgendes: Angenommen, es kaufe Jemand unmittelbar vor den Thoren einer großen Stadt einen Acker für 1000 *M* und lasse denselben wüst liegen, weil er von der Annahme ausgeht, daß er denselben demnächst zu Bauplätzen mit Vortheil verwerthen könne. Wird weiter angenommen, dieses Projekt lasse sich innerhalb der nächsten Zeit nicht realisiren, so würden die sogenannten „forstlichen Finanzrechner" dem Besitzer alsbald den Beweis liefern, daß der betreffende Acker eigentlich einen negativen Bodenwerth für ihn habe, da er ihm keine Jahreseinnahmen gewähre, dagegen jährliche Ausgaben für Grundsteuern 2c. veranlasse, und er daher klug daran thue, denselben à tout prix loszuschlagen und das dafür zu erhaltende Geld zinstragend anzulegen. —

Dieser Rath wird jedoch nicht befolgt, und der Acker nach zehn Jahren für 3000 *M* an einen Bauunternehmer verkauft. Der Besitzer des fraglichen Ackers hat nun allerdings während 10 Jahren von seinem Kapital von 1000 *M* keine Zinsen direkt bezogen, aber doch hat dieses Kapital mit 11 Procent sich verzinst; nur haben sich die Zinsen mit Zinseszinsen aufgehäuft und sind erst nach 10 Jahren in einer Summe im Betrage von = 2000 *M* flüssig geworden.

Ganz analoge Verhältnisse, wie in vorstehendem Beispiel, finden bei den in „Wald" angelegten Geldkapitalien statt. Man erinnere sich nur, daß vor circa 50 Jahren noch viele Besitzer ausgedehnter Privatwaldungen völlig überschuldet und fast ganz mittellos waren, während sie gegenwärtig — und zwar einzig und allein durch die Werthsteigerung ihrer in Wald angelegten Kapitalien, insbesondere die Werthsteigerung der auf dem Stocke stehenden Holzvorräthe — als enorm reiche Kapitalisten betrachtet werden können. Es liegt aber gar kein Grund zu der Annahme vor, daß in den nächsten 50 Jahren diese Werthsteigerung nicht in demselben Maße fortdauern sollte, im Gegentheil läßt schon allein der Umstand, daß der Werth des Geldes von Jahr zu Jahr sinkt, schließen, daß diese Werthsteigerung der Waldungen eine völlig naturgemäße ist, auf die mit aller Sicherheit gerechnet werden kann.

Es erhellt hieraus, daß der Waldbesitzer einen Theil der Zinsen, mit welchen seine in „Wald" angelegten Geldkapitalien thatsächlich rentiren, nicht direkt zu beziehen vermag, indem dieser Theil als Zinseszins sich am Kapital anhäuft und erst nach einer längeren Reihe von Jahren (z. B. bei einem Verkauf des Waldes) in folle bezogen werden kann. — Rentirt daher gegenwärtig ein in „Wald" angelegtes Geldkapital direkt mit nur 2 Procent, so läuft immer noch nebenher eine, wir möchten sagen „versteckte" Rente, die unter Umständen sehr beträchtlich sein kann, so daß, wenn sie in Rechnung gezogen werden könnte, sich vielleicht eine Rentabilität mit 5 und mehr Procent herausstellen würde. Schon für den jetzigen Besitzer erwächst aus der stetigen Werthsteigerung seiner Waldungen der Vortheil, daß auch (obwohl der Zins**fuß** unverändert bleibt) sein Jahreseinkommen sich jährlich steigert, ganz besonders aber werden die Vortheile dieser Werthsteigerung erst den Erben desselben zu Gute kommen.

Wir halten daher auch die Erwerbung von Waldungen (bei dem gegenwärtigen, meist geringen Tauschwerth derselben) nicht nur für eine der sichersten, sondern auch eine der **rentabelsten** Kapitalanlagen und können den Besitzern großer Geldkapitalien Nichts angelegentlicher empfehlen, als die Anlage und Erwerbung von Waldungen (resp. auch die Erhaltung und Melioration von in ihrem Besitze bereits befindlichen) und zwar vorzugsweise von Hochwaldungen mit angemessen **hohen** Umtriebszeiten, da ganz besonders für Hochwaldungen mit großen Holzvorräthen — wie wir schon oben hervorgehoben — die zu erwartenden Werthsteigerungen in erhöhtem Maße eintreten. —

Derartige Waldungen werden nicht nur ihren gegenwärtigen Besitzern ein sicheres und jährlich sich steigerndes Einkommen gewähren, sondern denselben auch das sicherste Unterpfand für das materielle Wohl ihrer Nachkommen bieten.

V.

Es giebt keinen aussetzenden Forstwirthschafts-Betrieb.

(Allgem. Forst- und Jagd-Zeitung. 1880. Februar.)

Unter der Ueberschrift: „Beiträge zur Rentabilitätsfrage der Waldungen" werden in dem 1873er Novemberheft der Monatsschrift für Forst- und Jagdwesen die Unterschiede zwischen „aussetzendem" und „jährlichem" Betriebe zu erforschen gesucht und der wesentlichste Unterschied zwischen beiden „Betriebsarten" wird darin gefunden, daß bei dem aussetzenden Betrieb nur der Boden, bei dem jährlichen Betrieb aber der Boden nebst Holzbestand (Normalvorrath) als fixes Kapital zu gelten habe. Es wird geradezu für einen **Fehler** erklärt, zwischen Bodenkapital und Holzkapital eine Trennung vorzunehmen, indem beide zusammen das fixe Kapital bildeten, das der Waldwirthschaft zu Grunde gelegt werden müsse.

Wir haben die gleiche Ansicht bereits in unserem Aufsatz: „der Tauschwerth des Waldbodens" (abgedruckt in dem 1866er Juniheft der Allgem. Forst- und Jagd-Zeitung) ausgesprochen und ausdrücklich betont, daß man gerade durch diese ganz **unzulässige** Trennung zwischen Boden und Holzbestand zu den widersinnigsten und mit der Praxis im schreiendsten Widerspruch stehenden Resultaten auf dem Gebiete der Waldwerthrechnung gelangt sei. Aber wir lassen diese Behauptung nicht nur für den „jährlichen" Betrieb gelten, sondern nehmen für dieselbe eine ganz **allgemeine** Geltung in Anspruch und zwar aus dem einfachen Grunde, weil wir einen „aussetzenden" Betrieb als Waldwirthschafts-Betrieb gar nicht anzuerkennen vermögen.

Diese Anschauung bildet bereits die Grundlage für unseren oben erwähnten Aufsatz und die weiter daran gereihten Abhandlungen, in welchen wir ganz besonders hervorgehoben haben, daß bei allen auf Waldwirthschaft Bezug habenden Rechnungen auch das Vorhandensein eines **Waldes** unterstellt werden müsse, und zwar eines Waldes von solcher Beschaffenheit, daß derselbe wenigstens die Möglichkeit einer dauernden, vortheilhaftesten Benutzung als „Wald" darbiete, daß mithin Alles, was von dem sogenannten „jährlichen" Betrieb gesagt werden müsse, eine durchaus **allgemeine** Geltung beanspruchen dürfe. — Da jedoch über die vermeintlichen Unterschiede zwischen jährlichem und aussetzendem Betrieb immer noch ein lebhafter Kampf geführt wird, so halten wir es für angezeigt, unserer gegentheiligen Ansicht, wonach solche Unterschiede um **deßwillen** nicht bestehen, weil ein aussetzender Betrieb vom Standpunkte einer rationellen Waldwerthrechnung aus eigentlich gar nicht existirt, einen recht prägnanten Ausdruck zu geben und haben daher die These: „Es giebt keinen aussetzenden Betrieb" an die Spitze unserer heutigen Ausführungen gestellt.

Um unsere These übrigens eingehender zu begründen, müssen wir etwas weit ausholen, insbesondere uns eine kleine Abschweifung in das Gebiet der Nationalökonomie erlauben.

Man folgert gewöhnlich aus der Theorie der sogen. landwirthschaftlichen Grundrente, daß — weil gleichwerthiger landwirthschaftlicher Boden nicht beliebig vermehrbar sei — der Besitzer „besserer" Grundstücke sich in der günstigen Lage befinde, außer den aufgewendeten Produktionskosten dauernd auch eine „Rente" zu beziehen, während der Bebauer des weniger ergiebigen Bodens sich mit dem Ersatze der aufgewendeten Produktionskosten begnügen müsse. — Diese Folgerung ist nun — unserer Ansicht nach — durchaus unrichtig. Der Besitzer des „besseren" Bodens bezieht die sogen. landwirthschaftliche Grundrente nicht „dauernd", er bezieht sie sogar nicht einmal vorübergehend; denn man erwäge nur, daß sein Bodenkapital (d. h. der Werth des in seinem Besitz befindlichen „besseren" Grundstücks), sobald „schlechterer" Boden ebenwohl in Kultur genommen wird, sofort eine entsprechende Steigerung in seinem Werthe erfährt, so daß der Besitzer, wenn er das durch seinen Grundbesitz repräsentirte Kapital richtig veranschlagt, nur die „üblichen" Zinsen von diesem Kapital bezieht. Wenn z. B. die reine Jahreseinnahme eines Grundbesitzers 400 ℳ beträgt und die „üblichen“ Zinsen in 4 Procent bestehen, so kann derselbe den Werth seines Grundbesitzes nur zu 10,000 Mark veranschlagen; von dem Augenblick an, von dem sein Jahreseinkommen — ohne irgend eine Bemühung seiner Seits — auf 800 ℳ steigt, muß er jedoch den Werth seines Grundbesitzes mit 20,000 ℳ in Rechnung bringen; er bezieht daher, nach wie vor, einzig und allein die „üblichen“ Zinsen und nur um deßwillen das doppelte Einkommen, wie früher, weil der Werth seines Kapitals (Grundbesitzes) auf das Doppelte gestiegen ist. Der Grundbesitzer hat in dieser Beziehung vor dem Fabrikbesitzer und überhaupt vor jedem beliebigen Kapitalisten durchaus Nichts voraus. Wenn eine Fabrik, welche früher nur ein jährliches reines Einkommen von = 4000 ℳ abwarf, in Folge von Preissteigerungen des Fabrikats 2c. — ohne irgend eine Bemühung Seitens des Fabrikanten — gegenwärtig ein Jahreseinkommen von = 8000 ℳ gewährt, so wird doch wohl jeder Unbefangene damit übereinstimmen, daß die Fabrik gegenwärtig den doppelten **Kapitalwerth** besitze, als früher und daß der Besitzer bei etwaigem Verkauf den doppelten Kaufpreis als früher zu fordern berechtigt sei. Oder wenn eine unkündbare Eisenbahnaktie von = 100 ℳ zur Zeit ihrer Ausgabe nur vier Prozent Dividende abwarf, während sie gegenwärtig den Bezug von 8 Prozent Dividende gewährt, so wird man es ganz begreiflich finden, daß man diese Aktie nicht mehr zum Parikurse von 100 ℳ kaufen kann, sondern daß dieselbe einen Kurswerth von = 200 ℳ besitzen wird. Es ist nun doch gewiß kein Grund abzusehen, weßhalb das, was für alle anderen Kapitalanlagen unbestrittene Gültigkeit hat, für die in „Grundbesitz“ angelegten Kapitalien durchaus nicht gelten soll, sondern für diese eine Ausnahmestellung beansprucht wird. — Die Grundrententheorie (die überhaupt für die Praxis nicht den geringsten Werth besitzt) trägt allein die Schuld, daß in die sonst durchaus einfache Werthbestimmung landwirthschaftlicher Grundstücke einige Verwirrung gebracht worden ist, in noch höherem Maße aber trägt sie die Schuld daran, daß die Waldwerthrechnung auf gefährliche Irr- und Abwege gerathen ist, und Kämpfe auf diesem Gebiete heraufbeschworen worden sind, von deren Ausgang die Existenz des

Waldes und der Fortbestand einer geregelten Waldwirthschaft geradezu abhängig erscheint.

In der **Forst**wirthschaft kann nämlich von einer Grundrente überhaupt nicht die Rede sein, sondern immer nur die Waldrente in Frage kommen und von einem Forstwirthschafts betrieb (der Renten abwirft) kann erst gesprochen werden, wenn der Normalholzvorrath hergestellt, resp. vorhanden, und damit die Möglichkeit jährlicher Nutzungen wenigstens gegeben ist. — Wir wollen übrigens (um Mißverständnissen vorzubeugen) sofort hier erklären, daß wir das Vorhandensein einer normalen Schlagreihe und Altersstufenfolge nicht für erforderlich halten, sondern den Beginn des eigentlichen Wirthschaftsbetriebs von dem Zeitpunkte an datiren, von welchem an der größte Waldreinertrag sich ohne Schmälerung des vorhandenen Holzvorraths (der in Bezug auf Schlagreihe und Altersstufenfolge die größten Variationen aufweisen kann) alljährlich nutzen läßt.

Es wird Niemandem einfallen, von einem Fabrikbetriebe zu sprechen und die Rentabilität desselben in Betracht ziehen zu wollen, insolange noch an den Werkstätten gebauet wird, oder noch keine Rohmaterialien und keine Arbeitskräfte beschafft sind; noch weniger kann vernünftiger Weise von der Rentabilität des Fabrikbetriebs die Rede sein, wenn die Fabrik zwar erbauet und eingerichtet, aber von dem Besitzer alsbald wieder auf den Abbruch verkauft wird, um den Erlös in anderer Weise zinstragend anzulegen, auch wenn der Unternehmer bei diesem Verfahren einen beträchtlichen Gewinn erzielt hätte (z. B. dadurch, daß ein Konkurrent ihm eine Abstandssumme von solcher Höhe dafür geboten hätte, daß er die Fabrik nicht betreibe, sondern wieder abbreche, daß dem Unternehmer nicht nur die Herstellungskosten ersetzt, sondern auch noch ein Ueberschuß zu Theil geworden wäre). Aber es scheint Niemand daran zu denken, daß man ganz dieselbe Inkonvenienz begeht, wenn man von einem „aussetzenden" Forstwirthschafts betrieb glaubt sprechen zu dürfen, während dieser sogen. „Betrieb" doch ebenfalls nur in der oben geschilderten Manipulation besteht, indem nur ein gewisser Holzvorrath (der allerdings die Möglichkeit des Bezugs einer forstwirthschaftlichen Rente gewähren würde, wenn man ihn unangetastet ließe und nur den erfolgenden Jahreszuwachs jährlich nutzte) zwar herangezogen, aber sofort wieder geerntet (auf den Abbruch verkauft) wird, um den hieraus erzielten Erlös in anderer Weise zinstragend anzulegen. — Daß diese Manipulation in bestimmten Zeiträumen wiederholt vorgenommen werden kann, begründet eben so wenig einen forstwirthschaftlichen „Betrieb", als es ein Fabrikbetrieb genannt werden kann, wenn der oben geschilderte Unternehmer auf der nämlichen Stelle nochmals ein Fabrikgebäude errichtet, um es — nach seiner Vollendung — abermals auf den Abbruch zu verkaufen.

Auch der weitere Umstand, daß innerhalb des Zeitraums, welcher zur Herstellung eines gewissen nutzbaren Holzvorraths erforderlich ist, bereits zeitweise einige Nutzungen (Durchforstungen) erfolgen können, charakterisirt die Manipulation der Herstellung durchaus nicht als einen forstwirthschaftlichen „Betrieb", ebensowenig als die Fabrik im „Betrieb" stehend genannt werden kann, wenn während des Zeitraums ihrer Erbauung und Einrichtung (die ebenwohl mehrere Jahre in Anspruch nehmen kann) das späterhin zu Lagerräumen bestimmte Territorium etwa einstweilen mit Hafer und Kartoffeln bestellt wird, durch deren Einerntung Einnahmen erzielt werden.

Alle während der Errichtung jedes beliebigen „Gewerbebetriebs" und in Folge der Errichtung sich ergebenden Einnahmen können nur an den Herstellungskosten in Abzug gebracht werden, auf die Rentabilität des künftigen Gewerbebetriebs selbst haben sie nicht den geringsten Einfluß. Der Werth eines industriellen Etablissements ist von den Herstellungskosten ganz unabhängig, er richtet sich allein nach der Jahresrente, die dasselbe abzuwerfen vermag. Die Errichtung einer Fabrik mag 200,000 ℳ gekostet haben; wenn sie, nachdem sie in vollem Betrieb steht, nicht mehr als 4000 ℳ an reiner Einnahme zu liefern vermag, so beträgt (vorausgesetzt, daß 4 Prozent als die „üblichen" Zinsen anzusehen seien) ihr Werth nur 100,000 ℳ, aber er beträgt in dem gleichen Falle, bei einem Jahresertrag von 4000 ℳ, ebenwohl 100,000 ℳ, und wenn die Errichtung der Fabrik auch nur 50,000 ℳ gekostet hätte. Ob daher bei Erbauung einer Fabrik sparsam oder verschwenderisch zu Werk gegangen worden ist, ob Vornutzungen während der Zeit ihrer Errichtung bezogen worden sind oder nicht, dies ist für die Beurtheilung ihrer Rentabilität, wenn sie erst einmal im **Betrieb** steht, ganz gleichgültig;

die Vortheile oder Nachtheile, die aus einem umsichtigen oder leichtsinnigen Verfahren bei ihrer Errichtung resultiren, sind immer nur einmalige, die auf den späteren **„Betrieb"** nicht im geringsten influiren.

Läßt man das Gleiche auch in der Forstwirthschaft gelten, so muß es doch offenbar auch Demjenigen, der Forstwirthschaft **betreibt**, ganz gleichgültig sein können, ob der in seinem Besitz befindliche **Wald** z. B. mit schweren Kosten herangezogen, oder fast kostenlos durch Naturkräfte geliefert worden ist, ob in vergangener Zeit schon Nutzungen (Durchforstungen 2c.) aus demselben bezogen worden sind, oder ob er bisher ganz unbenutzt geblieben war. Wenn man an den Forstwirthschaftsbetrieb den gleichen Maßstab anlegt, wie an den Fabrikbetrieb, so muß man auch offenbar zugestehen, daß der sogenannte „aussetzende" Betrieb nur eine auf Schaffung der Möglichkeit einer Betriebsführung gerichtete Thätigkeit ist, die jedoch — sobald das Ziel erreicht ist — ihr eigenes Werk wieder zerstört und daher die Bezeichnung „Betrieb" unter keinen Umständen verdient. — Forstwirthschaft **betreibt** nur Derjenige, welcher einen **Wald**, der sich in solchem Zustande befindet, daß jährlich Einnahmen von bestimmter Größe, ohne den Bestand des Waldes zu gefährden, aus demselben bezogen werden können, **in solcher Weise** behandelt, daß derartige Einnahmen in der That erfolgen, nicht aber Derjenige, welcher einen Wald nur heranzieht, um ihn entweder im Ganzen (Boden und Holzbestand), oder auf den Abtrieb (nur den Holzbestand) zu verkaufen und den so erzielten Erlös zum Betrieb irgend eines — sei es nun besser oder schlechter rentirenden — Geschäfts zu verwenden. Wir halten uns daher am Schlusse unserer Auseinandersetzungen für vollkommen berechtigt, die Worte unserer Ueberschrift zu wiederholen: Es giebt keinen aussetzenden Forstwirthschaftsbetrieb.

VI.

Der Grundirrthum der Reinertragstheorie.

(Allgem. Forst- und Jagd-Zeitung. 1880. November.)

In dem forstwissenschaftlichen Centralblatt (9. und 10. Heft 1879) veröffentlicht ein Schüler Preßlers eine Abhandlung „Gegen den finanziellen Umtrieb", in welcher offen eingestanden wird, daß der Berechnungszeitraum (i. e. die wirklich eingehaltene, sogen. praktische Umtriebszeit) selbst in Sachsen (der Heimath der Reinertragstheorie) in dem Falle durch Ansprechen (praktisches Ermessen) bestimmt wird, wenn die Berechnung des finanziellen Umtriebs ein etwas gar zu bedenkliches Resultat liefert.

Es wirft dieses Eingeständniß gewiß ein bedenkliches Streiflicht auf den Widerspruch zwischen dem Reden (i. e. Schreiben) und Handeln der Reinertragstheoretiker, aber trotzdem dürfen wir uns nicht wundern, wenn — trotz solcher Erfahrungen — die Unfehlbarkeit der Reinertragstheorie von ihren Anhängern, nach wie vor, immer wieder von Neuem proklamirt und verfochten wird, weil die Gegner derselben die Theorie selbst eigentlich gar nicht angreifen, sondern nur behaupten, die auf diese an sich „richtige" Theorie gestützten Rechnungen ergäben um deßwillen falsche, oder doch unzuverlässige Resultate, weil die in die Rechnung eingeführten Faktoren schwankende, jetzt und künftighin, niemals genau festzustellende seien.

So lange der von Preßler als das rationelle Reinertragsprinzip hingestellte „Nachhaltswaldbau höchster Bodenrente" auch von den Gegnern als ein zu erstrebendes, nur leider nicht zu erreichendes Ideal anerkannt wird, so lange werden die Anhänger der Reinertragstheorie auch eine feste, unangreifbare Stellung besitzen, von der aus sie dem Geplänkel der Gegner mit stoïscher Ruhe zuschauen können, im stolzen

Bewußtsein, daß die Waffen der Gegner an dieser Festung doch zerschellen müssen.

Gerade das Grundprinzip der Reinertragstheorie, dieser „Nachhaltswaldbau höchster Bodenrente" ist aber zugleich der Grundirrthum derselben; ein Nachhaltswaldbau höchster Bodenrente ist weder erreichbar, noch erstrebenswerth; denn er ist nicht das Ideal einer rationellen Waldwirthschaft, sondern das Phantom einer durch Börsenspekulationen irregeleiteten Bodenwirthschaft.

Die so beliebte, althergebrachte Vergleichung der Forst- mit der Landwirthschaft hat es verschuldet, daß man die Unterschiede zwischen beiden Wirthschaftssystemen nach und nach ganz aus den Augen verloren und sich an den Gedanken gewöhnt hat, daß wesentliche Unterschiede zwischen Land- und Forstwirthschaft eigentlich gar nicht existirten; und doch sind beide grundverschieden, denn die Landwirthschaft mag man vielleicht als eine reine Bodenwirthschaft bezeichnen dürfen, die mithin die höchste Bodenrente zu erstreben hätte, die Forstwirthschaft ist aber durchaus keine Bodenwirthschaft, eine „forstliche Bodenrente" existirt gar nicht, ein Nachhaltswaldbau höchster Bodenrente ist daher etwas rein Eingebildetes, mit den realen Verhältnissen niemals in Uebereinstimmung zu Bringendes.

Zum Betrieb der Landwirthschaft genügt allenfalls das Vorhandensein eines, landwirthschaftlicher Benutzung fähigen, Bodens für sich allein, um sofort durch Arbeit diesem Boden alljährliche Erträge (Renten) abgewinnen zu können, für den Betrieb der Waldwirthschaft ist aber das Vorhandensein von Waldboden (und wären es 2000 ha Oedungen in ununterbrochenem Zusammenhang) nicht das entscheidende Moment, sondern das Vorhandensein eines Waldes, i. e. eines mit Holz derartig bestockten Bodens, daß wenigstens die Möglichkeit, alljährlich durch Arbeit dem Walde Erträge (Renten) abzugewinnen, vorliegt.

Es haben 2000 ha Oedungen (z. B. unbestockter und bisher ganz unbenutzter Heideflächen) nicht eher Anspruch darauf, auf ihre Rentabilität geprüft zu werden, bevor nicht ein Spekulant, oder ein Wohlthäter der Menschheit sie durch Arbeit in einen solchen Zustand gebracht hat, daß sie eine Rente abzuwerfen vermögen. Angenommen, es geriethen die fraglichen 2000 ha für den Preis von 40,000 *M* in die Hände eines Spekulanten, der alljährlich 200 ha mit Kiefernsamen ansäen ließe und nach 10 Jahren, nachdem der ganze Komplex in Kultur gebracht wäre, denselben zum Verkaufe brächte, so kann doch Niemand mit Grund und Recht behaupten wollen, der Spekulant habe 10 Jahre lang Forstwirthschaft betrieben; einen wissenschaftlich und technisch gebildeten Betriebsführer hatte er gewiß nicht nothwendig, um die in Rede stehende Manipulation vorzunehmen, und die Berechnung der „finanziellen Umtriebszeit" für den ausgesäeten Kiefernsamen konnte ihm auch füglich erspart werden. Derselbe hat, unserer Ansicht nach, einfach mit seinem Gelde (mit dem Geld, welches er für die Oedung und für Kulturen innerhalb der 10 Jahre ausgegeben hat) spekulirt. Hat der Mann bei seiner Spekulation Glück gehabt, sind ihm insbesondere die Kulturen gut gerathen, so findet sich vielleicht nach 10 Jahren ein anderer Spekulant, der ihm die nun vorhandenen jungen Kiefernkulturen zu einem so hohen Preise abkauft, daß der erstere sich zu dem „guten Geschäft", das er gemacht hat, gratuliren kann.

Aber auch der zweite Spekulant treibt vorerst keine Forstwirthschaft; er hat die betreffenden Kiefernkulturen, wie wir annehmen wollen, nur in der Hoffnung gekauft, dieselben demnächst wieder mit Vortheil verkaufen zu können, auch er hat also nur mit seinem Gelde spekulirt, möglicher Weise übrigens auch unglücklich spekulirt, wenn er etwa nach einer längeren Reihe von Jahren genöthigt ist, die jetzt vorhandenen jungen Kiefernbestände noch unter demjenigen Preis loszuschlagen, welchen er s. Z. für die jungen Kulturen bezahlt hatte (indem er etwa nur auf solche Art vielleicht einen ihm drohenden Bankrott abzuwenden vermag). So geht möglicherweise das in Betracht stehende Kaufobjekt noch mehrmals durch die Hände von Gründern und Spekulanten, von denen einzelne auch vielleicht schon wieder einen Theil der vorhandenen Kiefernbestände abholzen lassen (und wenn sie auch nur 30 Jahre alt wären), um einer augenblicklichen Geldnoth abzuhelfen 2c. 2c., aber sie treiben sämmtlich keine Forstwirthschaft, für sie ist der Erwerb und resp. der vorübergehende Besitz des fraglichen Kaufobjekts nur eine Geldspekulation, da es ihnen einzig und allein darum gilt, ihr Geld, mit Aussicht auf demnächstigen Gewinn, in Grundbesitz anzulegen.

Wer Forstwirthschaft betreiben will, der kann des eigentlichen Wirthschaftsobjekts, einer Forst (i. e. eines Waldes, der eine planmäßige Bewirthschaftung zuläßt) nicht entbehren, er kann sich nicht damit befassen, einen solchen Wald erst zu gründen, sondern er muß einen solchen besitzen, oder kaufen. Damit der Forstwirth seine Arbeitskraft, seine Kenntnisse und Fähigkeiten zu verwerthen vermag, muß ein Wald vorhanden sein, der eine eigentliche Bewirthschaftung auch zuläßt; denn die Forstwirthschaft ist keine Bodenwirthschaft, zu ihrem Betrieb ist das Vorhandensein einer Forst, eines Waldes mit entsprechender, die dauernde Benutzung als Wald verbürgender Bestockung erste und unerläßlichste Bedingung.

Der Grundirrthum, auf dem die ganze „Reinertragstheorie" basirt, daß die Forstwirthschaft, ebenso wie die Landwirthschaft, eine Bodenwirthschaft sei, hat schließlich dahin geführt, den „Nachhaltswaldbau der höchsten Bodenrente" als das einzig rationelle Wirthschaftsprinzip zu proklamiren; erst wenn dieser Irrthum als solcher erkannt sein wird, dürfen wir hoffen, daß Theorie und Praxis wieder Arm in Arm, zum Heil des Waldes und des Vaterlandes, gemeinsamen Zielen wetteifernd zustreben werden.

VII.

Die Ziele der Forstwirthschaft.

(Zeitschrift für Forst- und Jagdwesen. 1880. September.)

In dem 1880er Märzheft dieser Zeitschrift findet sich unter der Ueberschrift: „Das nationale System des forstlichen Betriebs" eine sehr interessante Abhandlung, in welcher sich der Verfasser ausführlich und eingehend über die Aufgaben verbreitet, welche die deutsche Forstwirthschaft, seiner Ansicht nach, zu lösen hat, natürlich nur unter der Voraussetzung, daß die Forstwirthe von deutscher Vaterlandsliebe beseelt und geleitet werden. Begeisterung und Liebe für den Wald führt dem Verfasser die Feder, und gar manche treffliche Wahrheit tritt uns aus dem Rahmen seiner Abhandlung entgegen; wenn der Verfasser nichtsdestoweniger auf Irrwegen wandelt, so verschuldet dies ein ins Vordertreffen gestelltes Axiom, das wörtlich lautet:

„Die Forstwirthschaft hat naturgemäß mit einer gewissen Unsicherheit bei Feststellung ihrer Zielpunkte zu kämpfen, weil sie diese Ziele nach den Verbrauchsverhältnissen, die zur fernen Erntezeit der heutigen Holzaussaat obwalten, bemessen muß — diesen Grundcharakter der Waldproduction kann kein Sterblicher hinwegzaubern."

Diesen angeblichen Grundcharakter der Waldproduction vermögen wir als solchen nicht anzuerkennen, wodurch wir ihn freilich nicht „hinwegzaubern" können, aber wir wollen unsere entgegenstehende Ansicht, wonach die Ziele der Forstwirthschaft nicht nach den Verbrauchsverhältnissen, die zur ferneren Erntezeit der heutigen Holzaussaat obwalten, bemessen werden müssen und nicht bemessen werden dürfen, näher begründen, und hoffen, daß unsere Gründe überzeugen werden.

1) Als ein in erster Linie zu erstrebendes Ziel der Forstwirth-

schaft muß überall da, wo das forstliche Gewerbe im Betrieb steht (d. h. ein vorhandener Wald mit Rücksicht auf Nachhaltigkeit bewirthschaftet wird), die vortheilhafteste Benutzung des gegenwärtig vorhandenen nutzbaren Holzes (gleichgültig ob von Haubarkeits- oder Durchforstungsergebnissen herrührend), mithin des jährlichen Fällungsergebnisses erachtet werden, da hiervon in erster Linie die Einträglichkeit der Wirthschaft abhängig ist. Ueber dem Streben, der Zukunft etwas Brauchbares zu überliefern, wird gar oft versäumt, in der Gegenwart etwas Tüchtiges zu leisten. — Die Forstbenutzung (die Lehre von der zweckentsprechendsten Ernte und Verwerthung der Forstproducte) ist, von finanziellem Gesichtspunkte aus betrachtet, wohl der wichtigste Zweig des forstlichen Wissens; durch zweckmäßige Wirthschafts- und Betriebseinrichtungen es zu ermöglichen, daß unter den gegenwärtigen gegebenen Verhältnissen aus den geringsten Materialergebnissen die höchsten Gelderlöse erzielt werden, ist offenbar das lobens- und dankenswertheste Verdienst eines intelligenten Forstwirths. Ein Forstwirth, der sich in erster Linie diese Aufgabe stellt, hat mit keiner „Unsicherheit zu kämpfen", er steht vollständig auf dem Boden der Thatsachen und braucht keinen gewagteren Spekulationen sich hinzugeben, als wie jeder andere solide Geschäftsmann, der nur die Conjuncturen des gegenwärtigen Marktes berücksichtigt und nur die Chancen etwaiger in allernächster Zukunft eintretender Wechselfälle bei seinen Unternehmungen in Rechnung zieht. Wir halten die von Seiten der sog. „Reinerträgler" (worunter wir die Anhänger der Preßler'schen Theorien verstehen) beliebte Inbetrachtziehung der in fernster Zukunft etwa begehrenswerthesten Holzarten und preiswürdigsten Holzsortimente für ganz zwecklose und in ihren Consequenzen sogar verderbliche Zukunfsträume, welchen für die gegenwärtige Waldbehandlung nicht der geringste Werth beizumessen ist. Die Thatsache, daß gegenwärtig Nadelholzbestände eine größere Nutzholzausbeute und höhere Gelderträge liefern als Buchenbestände, so daß das Vorhandensein haubarer Nadelholzbestände, an Stelle der haubaren Buchenbestände, für die Gegenwart höchst wünschenswerth wäre, kann dem Wirthschafter im reinen Buchenhochwald nicht über die andere Thatsache, daß er nur haubare Buchenbestände besitzt, hinweg helfen. Sein Sinnen und Trachten sollte — unserer Ansicht nach — darauf gerichtet sein, Mittel und Wege zur vortheilhaftesten Ausnutzung des Buchenholzes ausfindig zu machen, anstatt seine Buchenbestände, mit vielleicht schweren Kosten, in Nadelholzbestände umzuwandeln, im Hinblick auf eine höchst ungewisse Zukunft, die ihm vielleicht einen gewaltigen Strich durch die Rechnung macht, in der vielleicht gerade das gegenwärtig verachtete Buchenholz dem Nadelholz in jeder Beziehung vorgezogen wird. Er sollte seine Bemühungen darauf richten, seinem gegenwärtig vorhandenen Product, das nun einmal in Buchenholz (und nicht in Nadelholz) besteht, einen möglichst weiten Markt zu gewinnen, indem er über sämmtliche Gebrauchszwecke, zu welchen Buchenholz Verwendung finden kann, sich unterrichtet, und — wenn thunlich — noch neue Gebrauchszwecke durch Versuche und Combinationen ausfindig macht. Die nachtheiligsten Wirkungen der „Reinertragslehre" finden wir gerade darin, daß die Anhänger derselben nur zu leicht verführt werden, ihre ganze Thätigkeit der Erreichung eines Zukunfts-Phantoms zu opfern, anstatt sie in nutzbringender Weise der Gegenwart zu widmen, und doch hat die Gegenwart ein Recht, nützliche Arbeit von jedem Lebenden zu fordern.

Ueber die „Verbrauchsverhältnisse, die zur fernen Erntezeit der heutigen Holzaussaat obwalten", vermögen wir — und wenn wir unseren Scharfsinn aufs Höchste anspannen — nicht das Geringste, auch nur mit einem Schimmer von Wahrscheinlichkeit zu sagen; wie können wir sie also maßgebend machen wollen für unsere gegenwärtige wirthschaftliche Thätigkeit, für unsere gegenwärtigen Wirthschaftsmaßregeln!

2) Als ein in zweiter Linie zu erstrebendes Ziel der Forstwirthschaft erachten wir die Ueberlieferung eines Waldes (Waldbodens und Holzvorraths) von solcher Beschaffenheit an die Zukunft, daß derselbe dem gegenwärtig vorhandenen, aus der Vergangenheit überkommenen Walde nicht nachsteht, ihn vielmehr an Güte und Nutzbarkeit thunlichst übertrifft. Wir halten die unausgesetzte Melioration des Waldes für eine sehr dankenswerthe Aufgabe, ja geradezu für eine Pflicht des Wirthschafters, durch deren Erfüllung er unbestreitbar der Zukunft einen greifbaren Vortheil zuwendet, ihr einen dauernden Nutzen schafft, während auf Herstellung von Zukunftsidealen gerichtete Bestrebungen nur als Ausgeburten der Phantasie erscheinen,

und als „verlorene Liebesmüh'" sich erweisen, wenn die Zukunft den willkürlichen Unterstellungen des Wirthschafters dereinst ein Schnippchen schlägt. — Wir wollen hier nur daran erinnern, wie noch vor sechs Jahren überall die Anlage von Eichenschälwaldungen angepriesen wurde, und viele Wirthschafter sich auch wohl durch die Aussicht auf hohe Zukunftserträge verführen ließen, solche Anlagen mit schweren Kosten in's Werk zu setzen, die nun — da die Mineralgerbung die bereits vorhandenen Schälwaldungen werthlos zu machen droht — mit abermaligem Kostenaufwand voraussichtlich wieder in Hochwald übergeführt werden müssen. Der kurze Zeitraum von 6 Jahren hat also im vorliegenden Falle schon genügt, um die phantastischen Träume von hohen Zukunftsrenten in Nichts zerrinnen zu lassen; und doch wird uns immer noch zugemuthet, bei unseren wirthschaftlichen Bestrebungen, uns durch die muthmaßlichen Preisverhältnisse der „fernen Zukunft" mehr oder weniger beeinflussen, oder gar vollständig leiten zu lassen. Wer aus der Vergangenheit Nichts lernen will für die Gegenwart, wird wohl in der Zukunft Lehrgeld bezahlen müssen.

Um das obige Ziel zu erreichen, dürfen wir vollständig Kinder unserer Zeit sein, dürfen vollständig auf dem Boden der Thatsachen stehen bleiben. — Fixirung der Abnutzungssätze in solchen Grenzen, daß die Abnutzung durch den Zuwachs stets wieder ersetzt werden kann; Ausführung der Verjüngungen mit thunlichst geringem Kostenaufwand in den auf dem betr. Lokal herrschend gewordenen Holzarten; horstweise Einmischung aller Holzarten, die unter den gegebenen Localverhältnissen ein freudiges Gedeihen versprechen, in die vorhandenen Heegen; sorgfältige, auf die Erziehung von Mischbeständen gerichtete Bestandspflege; fortdauernde Erhaltung strengsten Kronenschlusses, zur Conservirung und Mehrung der Bodenkraft, sind die sichersten Mittel, das angegebene Wirthschaftsziel zu erreichen. Dagegen sind alle Wirthschaftsmaßregeln, die einzig und allein in den „muthmaßlichen zukünftigen Preisverhältnissen der verschiedenen Holzsortimente und Holzarten" ihre Begründung finden sollen, **durchaus zu verwerfen**, insbes. sind bei Verjüngungen und Kulturen nur die in den gegenwärtigen Zuständen begründeten Maßregeln als rationelle anzuerkennen, und hat man sich bei Auswahl der anzubauenden Holzarten nur durch die Rücksicht auf leichte, möglichst kostenlose Ausführbarkeit der Kultur und auf thunlichste Verhütung jeder Bodenverschlechterung leiten zu lassen, vorausgesetzt natürlich, daß den Holzarten, welche in Frage stehen, die Standortsverhältnisse gleich gut zusagen.

Diese beiden Zielpunkte einer rationellen Forstwirthschaft:

1) Die vortheilhafteste Benutzung der gegenwärtig vorhandenen haubaren Holzbestände durch die bestmögliche Verwerthung des jährlich, ohne Gefährdung der Nachhaltigkeit, dem Wald zu entnehmenden Fällungsquantums und

2) die unter den gegenwärtigen Boden- und Holzbestandsverhältnissen vortheilhafteste (i. e. mit dem geringsten Kostenaufwand und der geringsten Schädigung der Bodenkraft erreichbare) Nachzucht und Erziehung von Junghölzern

sind — ohne irgend welche Speculationen auf die Verhältnisse einer fernen Zukunft — durch jeden Wirthschafter erreichbar; während der Forstwirth in keinem Moment seiner Thätigkeit das Gefühl der Befriedigung empfinden könnte, wenn er schon gleich bei Feststellung seiner Zielpunkte mit so unüberwindlichen „Unsicherheiten" zu kämpfen haben würde, wie sie in der Beurtheilung der Verbrauchsverhältnisse, die zur fernen Erntezeit der heutigen Holzaussaat obwalten, sich ihm entgegenstellen.

Es ist schließlich nur eine Consequenz des obigen falschen Axioms, wenn der Verfasser der Eingangs erwähnten Abhandlung die Behauptung aufstellt:

„Man muß, um die Aufgabe und die Anwendung der forstlichen Rentabilitätsrechnung richtig zu würdigen, zunächst erwägen, daß man den absoluten Werth der Waldungen nicht bestimmen kann, und darum auf eine scharfe Vergleichung der Waldrente mit dem Reinertrag des Bodens- und Holzvorrathswerths bei Anlage in verwandten Kultur- und Gewerbsarten verzichten muß."

Ein solcher Verzicht ist durchaus nicht erforderlich, und haben wir bereits in unseren in den Jahren 1866—1869 veröffentlichten Abhandlungen eine Methode zur Bestimmung des **absoluten Waldwerths** (insoweit bei Werthbestimmungen von Mobilien und Immobilien überhaupt von „absolut" die Rede sein kann) entwickelt, bei der jede „Unsicherheit" eliminirt und nur mit reellen Werthen gerechnet wird. Die dort von uns entwickelten, höchst einfachen Formeln, namentlich auch für den **forstlichen Zinsfuß** (der sich als ein der Waldwirthschaft **eigenthümlicher** und nach den jeweiligen **concreten** Verhältnissen **verschiedener** herausstellt), treten mit der Praxis niemals in Widerspruch, bestätigen vielmehr vollständig, daß die Ziele der Forstwirthschaft nicht in einer unsicheren Zukunft mühsam gesucht zu werden brauchen, sondern in der klar vor uns liegenden Gegenwart mit Leichtigkeit erreicht werden können.

VIII.

Die Ziele der Forstwirthschaft.

(Zeitschrift für Forst- und Jagdwesen. 1881. Juni.)

In der „Entgegnung" auf unsere unter obiger Ueberschrift veröffentlichte Abhandlung richtet der Verfasser derselben die Frage an uns (cf. das 1880er September- und Dezemberheft), ob wir glaubten, „daß die Verschleuderung (unvortheilhafte Verwerthung) der jetzigen Holzvorräthe eine nothwendige Folge der Rentabilitäts-Wirthschaft sei?" und unterstellt in seinen Folgerungen bereits eine bejahende Antwort unserer Seits.

Die Folgerungen unseres geehrten Herrn Gegners sind jedoch hinfällig, da wir die gestellte Frage entschieden verneinen, und z. B. gerade seine eigenen Bestrebungen zur bestmöglichsten Verwerthung der Holzernte in vollstem Maße anerkennen. Wir glauben ebensowenig, daß die Rentabilitäts-Wirthschaft (insbes. das sog. nationale System) die Verschleuderung der jetzigen Holzvorräthe beabsichtige, oder empfehle, oder auch nur zur nothwendigen Folge habe, als wir es für die Aufgabe des Forstwirths halten, das gefällte Holz „den Consumenten möglichst theuer aufzubürden" (wie der Verfasser in weiterer Folge unterstellt). Wir halten vielmehr alle Manipulationen, die etwa angewandt werden könnten, um dem Publikum irgend Etwas „aufzubürden", eines ehrenhaften Mannes (Kaufmannes oder Beamten) für durchaus unwürdig.

Wenn wir es für das dankenswertheste Verdienst eines intelligenten Forstwirths erklären, „durch zweckmäßige Wirthschafts- und Betriebs-Einrichtungen es zu ermöglichen, daß unter den gegenwärtigen gegebenen Verhältnissen aus den geringsten Materialergebnissen die höchsten Gelderlöse erzielt werden", so folgt daraus doch nur, daß wir das Bestreben, die gegenwärtig vorhandenen Forstproducte in gebrauchswerthester Form zu Markt zu bringen und dadurch die höchsten Gelderlöse zu erzielen, für verdienstlich halten, nicht aber die Anwendung unlauterer Mittel zur Erzielung von Gelderlösen, welche den Gebrauchswerth der Producte übersteigen, befürworten wollen. Wir stimmen vollständig mit dem Herrn Verfasser überein, „daß die bestmöglichste Versorgung der Gesellschaft mit den gebrauchswerthesten Producten zu erstreben sei", halten es jedoch für rationeller, die **gegenwärtige** Gesellschaft mit den gebrauchswerthesten Producten wirklich zu versorgen, als der Versorgung der **zukünftigen** Gesellschaft mit den muthmaßlich gebrauchswerthesten Producten nachzustreben, ohne irgend welche Garantie dafür zu besitzen, daß diese Bestrebungen (welche erst nach Ablauf von 80 oder gar 100 Jahren in ihrem wahren Werth erkannt werden können) von Erfolg gekrönt sein werden.

Wir stellen denjenigen Forstwirth höher, welcher aus den geringsten Materialergebnissen die höchsten Gelderlöse zu erzielen strebt (indem er nach Möglichkeit das vorhandene Material auszunutzen und den Gebrauchswerth der gegenwärtig vorhandenen Forstproducte zu steigern sucht), als denjenigen, der durch starke Abnutzung der vorhandenen Holzvorräthe hohe Gelderlöse aus den Forsten zu ziehen sucht (eine Manipulation, die auch unser Gegner mißbilligt), weil wir — trotz sorgfältiger Bedachtnahme auf die Bedürfnisse der Gegenwart — doch die Sorge für die Zukunft nicht aus den Augen verlieren. Wir betonen ausdrücklich das Verdienstliche, das wir darin finden, wenn der Forstwirth sich bestrebt, dem Wald möglichst wenig Material zu entziehen, dieses Wenige aber auf's sorgfältigste auszunutzen, weil wir die Aufzehrung sogenannter Vorrathsüberschüsse (die sich stets, sehr einfach, dann ergeben, wenn wir eine vorhandene höhere Umtriebszeit erniedrigen) für ein nationales Unglück halten, weil uns das Nationalinteresse zu gebieten scheint, unseren Nachkommen keine kleineren und werthloseren Holzvorräthe zu hinterlassen, als wir von den Vorfahren überkommen haben. Auch theilt ja — in der Sache selbst — unser Herr Gegner vollständig unsern Standpunkt, indem er im Octoberheft dieser Zeitschrift, S. 598 wörtlich sagt:

„Die Nutzungsansprüche der **Wirthschaftsnachfolger** bedingen keineswegs das Vorhandensein des Normalvorraths für die Umtriebszeit der höchsten Bodenrente. Diese Nutzungsansprüche werden **offenbar** viel vollkommener befriedigt werden, wenn man die ältesten Vorrathstufen ausgestattet mit großen Flächen und werthvollen Beständen überliefert; es kann darüber kein Zweifel obwalten, daß den späteren Nutznießern ein **Vorrathsüberschuß** in den ältesten Beständen angenehmer sein wird, als der normale Zustand, denn sie haben ja nach den Herstellungskosten nicht zu fragen."

Verfasser spricht es hier mit vollkommenster Klarheit und Deutlichkeit aus, daß für unsere Nachkommen besser gesorgt ist, wenn wir denselben Vorrathsüberschüsse in unseren Waldungen überliefern, als wenn wir die Waldungen im sogenannten Normalzustand hinterlassen, und alle Ueberschüsse bereits aufgezehrt haben. Das „nationale System" des Herrn Verfassers hat gerade um deßwillen unser lebhaftestes Interesse erregt, weil die von ihm geforderten complicirten Berechnungen großentheils nur angestellt werden sollen, um den Nachweis zu führen, daß die im nationalen Interesse gebotene Erhaltung und Melioration der deutschen Waldungen bei Befolgung des empfohlenen Systems vollständig gesichert sei. Wenn in der „Entgegnung" wörtlich gesagt wird: „Ein großer Theil des Volksvermögens ruht in Deutschland in den Waldungen, und wir haben in unserem Vaterlande wahrlich keine Veranlassung, die Quellen der Volkswohlfahrt, die in der Bodenproduction liegen, leichtfertig versiegen zu lassen", so stimmen wir diesem Satze vollständig bei, ja wir gehen thatsächlich noch viel weiter, weil wir den Begriff „Volksvermögen", oder besser gesagt: „Nationalvermögen" viel enger fassen, als dies gewöhnlich zu geschehen pflegt. Gewöhnlich wird definirt, daß das Nationalvermögen sich zusammensetze aus der Summe aller Einzelvermögen der Volksgenossen, bei dieser Definition jedoch, unserer Ansicht nach, übersehen, daß alle flüssigen, jederzeit übertragbaren Vermögenstheile einen durchaus internationalen Charakter haben, und daher dem Nationalvermögen nicht zugerechnet werden dürfen. Als Nationalvermögen darf, unserer Anschauung nach, nur das im Inland fixirte, oder in concreto als **deutsches Nationalvermögen** darf nur das **im Gebiet des deutschen Reichs fixirte** Vermögen bezeichnet werden. Diejenigen Vermögenstheile der deutschen Volksgenossen, welche nicht im Inlande fixirt sind, haben für die deutsche Nation keinen ausschließlich ihr zu gut kommenden Werth, sie sind factisch internationales Vermögen, sie tragen vielleicht vorübergehend zur Vermehrung des Nationalwohlstandes bei, aber sie vermehren nicht den Nationalreichthum. Wir rechnen z. B. alle Börsenwerthe und alles umlaufende Geld nicht zum Nationalvermögen; der Nationalreichthum beruht, unseres Erachtens (abgesehen von Naturproducten), auf den im Inlande durch Arbeit der Mitlebenden oder der Vorfahren fixirten Kapitalien, und nicht nur die Erbauung großartiger Fabriken, oder die Erziehung hochstämmiger Waldungen, welche jährliche Renten abwerfen, sondern auch die Anlage guter Straßen, die Errichtung von Bau- und Kunstdenkmälern, überhaupt alle Unternehmungen, die bleibend zur Wohnlichermachung und Verschönerung unseres Vaterlandes beitragen, vermehren den deutschen Nationalreichthum.

Die Erhaltung und Melioration der deutschen Waldungen ist daher gerade in unseren Augen von eminent nationalem Interesse, und die Befolgung unrichtiger Principien in der Waldwirthschaft, unserer Ansicht nach, im Stande, das Nationalwohl auf lange Zeiträume hinaus zu schädigen. Es erscheint uns daher auch von der größten Wichtigkeit, daß von den Gegnern des Reinertragsprincips sich nicht nur auf die Negation beschränkt wird. Der als das rationelle Reinertragsprincip erklärte „Nachhaltswaldbau höchster Bodenrente" fußt auf unrichtiger Berechnung des Waldwerths, der entweder aus den Kosten („Kostenwerth"), oder aus den zu erwartenden Erträgen („Erwartungswerth") abgeleitet wird. Wir haben bereits vor 15 Jahren diese Methode der Werthbestimmung für eine mit der Praxis, i. e. mit den thatsächlichen Verhältnissen in offenem Widerspruch stehende erklärt, und — da durch einfache Negation die Sache wenig gefördert erschien — eine andere Methode der Waldwerthbestimmung in Vorschlag gebracht, durch welche der „Tauschwerth" der Waldungen und zwar in einfachster Weise sich ermitteln läßt. Wenn nun der Herr Verfasser obiger „Entgegnung" unsere Berechnungsmethode für unbrauchbar erkärt, „weil keineswegs $N_u = \frac{u \cdot r_u}{2}$," so geben wir demselben zu bedenken, daß die Mathematik an und für sich zwar eine abstracte Wissenschaft ist, daß sie in ihrer Anwendung auf Erfahrungswissenschaften sich aber gar oft mit Formeln begnügen muß, die nur unter concreten Verhältnissen Geltung beanspruchen.

IX.

Zur Lösung der Waldwerthrechnungsfrage.

(Zeitschrift für Forst- und Jagdwesen. 1885. August.)

Wir haben bereits vor 19 Jahren versucht, einem Waldwerthrechnungsverfahren Eingang zu verschaffen, bei welchem — abweichend von dem gegenwärtig allgemein in Gebrauch befindlichen und durch die Anhänger der Reinertragsschule zu einem Axiom erhobenen Verfahren — der Waldwerth nur auf Grund von thatsächlich aus dem Wald erzielten Gelderträgen, ohne Anwendung von Zinseszinsrechnung ermittelt wird, und nachgewiesen, daß man hierdurch zu Resultaten gelangt, welche stets mit den factischen Verhältnissen übereinstimmen, nach welcher Richtung hin sie auch discutirt werden mögen.

Wir stehen heute noch ganz auf demselben Standpunkt, den wir damals bereits eingenommen haben — cf. die Abhandlung: „Der Tauschwerth des Waldbodens" im Juniheft der Allgem. Forst- und Jagdzeitung von 1866 — und erlauben uns, nachdem wir bei verschiedenen Gelegenheiten, bei welchen wir Waldwerthschätzungen auszuführen hatten, unser Rechnungsverfahren angewandt und praktisch erprobt haben, dasselbe nochmals in seinen Grundzügen näher darzulegen.

1) Den Ausgangspunkt unserer Betrachtung bildet das Axiom, daß das Waldwirthschaftsgewerbe nur betrieben (ununterbrochen fortgeführt) werden kann, wenn — außer den sonstigen Erfordernissen eines jeden Gewerbebetriebs, wie Absatzgelegenheit für das erzeugte Product rc. — ein derartig mit Holz bestocktes Grundstück vorhanden ist, daß der auf demselben jährlich erfolgende, in Geld ausgedrückte Zuwachs auch jährlich in nutzbarer Form geerntet werden kann, ohne

daß das vorhandene, zum ununterbrochenen Gewerbebetrieb erforderliche Holzvorrathskapital, seinem Geldwerthe nach, gemindert wird. Unsere Grundanschauung, daß die Waldwirthschaft keine Bodenwirthschaft, sondern an das Vorhandensein eines Waldes von bestimmter Beschaffenheit gebunden ist und ohne dasselbe gar nicht gedacht werden kann, bringt uns von vornherein in diametralen Gegensatz zu der sogenannten Reinertragsschule, die als ihr oberstes Princip den „Nachhaltswaldbau höchster Bodenrente" proclamirt hat.

Während, unserer Ansicht nach, alle auf Herstellung obigen Waldzustandes verwendeten Kosten zu den Herstellungskosten des „Waldes" gerechnet werden müssen und eine Rente von letzterem (die mithin niemals eine „Bodenrente", sondern nur eine „Waldrente" sein kann) erst von dem Zeitpunkte an erfließt, in welchem ein Holzbestand von oben angegebener Beschaffenheit vorhanden ist, unterstellt die Reinertragsschule bereits einen Rentenbezug von der holzleeren Fläche, indem sie mit sogenannten Erwartungswerthen von dem Zeitpunkt der Bestandsgründung an rechnet, und gelangt hierdurch zu theoretisch unrichtigen und daher auch praktisch unbrauchbaren Resultaten. Leider wird dieser Grundirrthum der Reinertragstheorie von den Gegnern derselben nicht mit der nöthigen Klarheit als solcher bezeichnet und mit der nöthigen Energie als solcher bekämpft, sondern häufig von denselben das völlig unberechtigte Zugeständniß gemacht, daß die Lehren der Reinertragsschule theoretisch unanfechtbar und nur um deswillen praktisch unanwendbar seien, weil die Rechnungsgrundlagen zur Zeit noch zu unsichere, während sie — unseres Erachtens — gerade die theoretische Grundlage der sogenannten Reinertragsrechnung anfechten müßten.

2) Wir halten die sogenannten Erwartungswerthe, Kostenwerthe &c., wie sie bei Waldwerthrechnungen in Gebrauch sind, für gänzlich bedeutungslos und lassen allein den Tauschwerth, wie er durch Angebot und Nachfrage sich feststellt, als den einzig wahren Maßstab für den Werth von Waldungen gelten. Der Tauschwerth eines Waldes ist jedoch allein von dem Jahresertrag abhängig, welchen der Wald dauernd abzuwerfen vermag. Der gegenwärtige Besitzer des Waldes wird als „Verkäufer" den Ertrag desselben mit möglichst niedrigem Zinsfuß kapitalisiren und den so berechneten Kapitalwerth

als höchste Forderung verlangen; derjenige, welcher in den Besitz des Waldes zu gelangen wünscht, wird als „Käufer" den Waldertrag mit möglichst hohem Zinsfuß kapitalisiren und den auf diese Weise berechneten Kapitalwerth als höchstes Gebot einlegen.

Bei dem erfolgenden Verkaufsabschluß wird nun in der Regel auf der einen Seite die ursprüngliche Forderung herabgemindert, auf der anderen Seite das ursprüngliche Gebot überschritten und über einen Mittelpreis sich geeinigt werden, der alsdann den „Tauschwerth" repräsentirt.

Bezeichnen wir mit:

x = die Umtriebszeit, bei deren Einhaltung unter den gerade vorliegenden, concreten Waldbestandsverhältnissen nachhaltig der bisherige Reinertrag (= r_x) ohne Schmälerung des gegenwärtig vorhandenen Holzvorrathswerths (= N_x) alljährlich weiter bezogen werden kann,

r_x = diesen bisherigen Reinertrag,

W_x = den Tauschwerth dieses Waldes,

p = den Zinsfuß, über welchen die Tauschenden durch Vollzug des Tausches (bei stillschweigender Abwägung ihres verschiedenartigen Interesses an dem Zustandekommen des Tausches) sich ohne besondere Erörterung geeinigt haben,

so können wir, da in dem Waldreinertrag die Zinsen des Waldtauschwerths repräsentirt werden, die Formel anschreiben:

$$r_x = 0{,}0p \,.\, W_x$$

und erhalten für W_x den einfachen Ausdruck:

$$W_x = \frac{r_x}{0{,}0p}$$

und es repräsentirt W_x das Geldkapital, welches von dem „Käufer" hingegeben werden muß, wenn er sich den dauernden Bezug einer „Waldrente" im Geldwerthe von = r_x zu verschaffen, oder sich doch die Möglichkeit eines solchen Waldrentenbezugs zu sichern wünscht.

3) Es muß demnach stets erst der Tauschwerth des Waldes selbst festgestellt werden, bevor der Tauschwerth des Waldbodens (der Tauschwerth des Grundstücks, auf welchem die zum Waldwirthschaftsbetrieb erforderlichen Holzbestände stocken) ermittelt werden kann.

Letzterer kann nie direct, sondern immer nur indirect, indem von dem Tauschwerth des Waldes der Tauschwerth der zum Waldwirthschaftsbetrieb erforderlichen Holzbestände abgezogen wird, berechnet werden, und seine Kenntniß hat nur insolange eine Bedeutung, als der Waldboden dem waldwirthschaftlichen Gewerbe gewidmet bleibt. Für den Käufer eines Waldes bildet der von ihm gezahlte, resp. auf vorstehende Art ausgemittelte Tauschwerth des Waldbodens die **constante Größe,** welche er bei allen Veränderungen, die er in der Waldbewirthschaftungsweise etwa eintreten läßt, zu Grunde legt, um über die Rentabilität der betreffenden Manipulationen ein Urtheil zu gewinnen.

Unser Tauschwerth des Waldbodens steht mithin in directem Gegensatz zu den variabeln Bodenerwartungswerthen der Reinertragsschule, welche gerade durch ihre Veränderlichkeit die größten Wirrnisse in die Waldwerthrechnung brachten.

4) Der Berechnung des Tauschwerths des Waldbodens muß der höchstmögliche Reinertrag zu Grunde gelegt werden, welchen der Wald zur Zeit der Rechnungsstellung (zur Zeit, in der eine Veräußerung, hypothekarische Belastung 2c. beabsichtigt wird), nach Maßgabe der concreten Waldbeschaffenheit zu liefern vermag. Es ist, unserer Ansicht nach, nicht zulässig, Unterstellungen und Voraussetzungen zu machen, welche mit den concreten Verhältnissen nicht übereinstimmen; die Rechnung darf nur unter Zugrundelegung der bisherigen Betriebsweise und mit Berücksichtigung der factisch vorhandenen Holzarten vollzogen werden, wenn sie irgend welchen Werth haben soll. Dagegen kann es in keiner Hinsicht beanstandet werden, wenn die Einhaltung der Umtriebszeit des größten Reinertrags, der unter den gegebenen, concreten Verhältnissen zu erzielen möglich ist, bei Berechnung des Tauschwerths des Wald**bodens** unterstellt wird; denn, wenn auch der Wald etwa zur Zeit der Rechnungsstellung factisch mit einer anderen Umtriebszeit, als derjenigen des größten Waldreinertrags behandelt worden sein sollte, so kann doch stets zu letzterer übergegangen werden.

Eine etwa stattgehabte fehlerhafte Behandlung des vorhandenen Waldes darf ebensowenig einen Einfluß auf die Werthschätzung des Wald**bodens** gewinnen, als eine etwa vorgekommene Verschleuderung der erzielten Waldproducte, die man bei Aufstellung der erforderlichen

Geldertragstafel ebenwohl unberücksichtigt lassen wird, auf die Werthschätzung des **Waldes**.

Zur Ermittelung der Umtriebszeit des größten Waldreinertrags bedarf es bekanntlich nur einer für die betreffende Oertlichkeit passenden Geldertragstafel, aus welcher die Zwischennutzungs- und Abtriebserträge, ihrem Geldwerthe nach, für verschiedene Bestandsalter entnommen werden können. Durch einfache Addition dieser Erträge und Division mit dem entsprechenden Abtriebsalter des Bestandes wird festgestellt, für welches Bestandsalter der Quotient am größten ist. Werden die concreten Holzbestände mit dem diesem Alter entsprechenden Umtrieb behandelt, so erfolgt der unter den gegebenen Verhältnissen höchstmögliche Reinertrag. (Wie wir beiläufig hier bemerken wollen, wird die Umtriebszeit des größten Reinertrags, da bei Aufstellung von Geldertragstafeln die höheren Preise des Starkholzes zu voller Geltung gelangen, meist eine sehr hohe sein, und nur ausnahmsweise in Gegenden, in welchen die Preise der stärkeren Brennholzsortimente mit den für Nutzholz erzielten Preisen nahezu gleich stehen, eine entsprechende Ermäßigung erfahren. — Ferner bemerken wir noch, daß für Aufstellung der Ertragstafel nur die jeweilig geltenden, resp. die in jüngster Zeit durchschnittlich erzielten Holzpreise maßgebend sein dürfen, und eine Inbetrachtnahme weit zurückliegender, oder künftig zu erwartender Preise nicht gerechtfertigt erscheint.)

5) Es dient wesentlich zur Vereinfachung der Rechnung, wenn unter Waldreinertrag nur der von den Erntekosten befreite Holzgeldertrag (Erlös für Holz und Rinde) verstanden wird, was in der Mehrzahl der Fälle (wenn es sich überhaupt um Waldungen handelt, in welchen die Holznutzung die Hauptnutzung bildet) durchaus zulässig erscheint. Insbesondere ist wohl nicht zu beanstanden, daß die jährlichen Ausgaben für Kulturen und Wegbauten ꝛc. im Normalwald (einem Wald, dessen Jahresertrag ohne Minderung seines Kapitalwerths dauernd genutzt werden kann) außer Rechnung bleiben, indem unterstellt werden kann, daß dieselben durch die (ebenwohl außer Rechnung zu lassenden) zeitweise sich ergebenden Einnahmen für Nebennutzungen (Streu, Gras, Weide ꝛc.) reichlich compensirt werden. Steuern und Verwaltungskosten, wie dies bei der Berechnung von sog. Erwartungs-

und Kostenwerthen ꝛc. geschieht, bei Ermittlung des Tauschwerths in Rechnung zu ziehen, könnten wir nur für fehlerhaft halten.

Es erscheint selbstverständlich, daß aus jedem beliebigen Einkommen (bei rationeller Steuergesetzgebung) Steuern bezahlt werden müssen, und daß die Verwaltung eines jeden beliebigen Kapitals (auch wenn es in börsengängigen Werthpapieren besteht) Arbeit oder Kosten verursacht. In dem Begriff des Tauschwerths ist es gelegen, daß das dem Waldkapital äquivalente Geldkapital ein gleichwerthiges Object bildet, und es nur aus der individuellen Anschauungsweise der Tauschenden resultirt, daß der Eine künftighin lieber ein Geldkapital versteuert und verwaltet, der Andere lieber für ein Waldkapital Steuern entrichtet und Verwaltungskosten aufwendet (vielleicht auch die Verwaltung, wenn er die entsprechenden Kenntnisse ꝛc. besitzt, selbst besorgt).

6) Aus den vorstehend unter 1—5 dargelegten Principien resultirt nun auf einfachste Weise das behufs Ermittlung des Tauschwerths des Waldbodens einzuhaltende Rechnungsverfahren, welches wir bereits im Jahre 1866 veröffentlicht und zur Anwendung empfohlen haben.

Wir bezeichnen mit:

p = den Zinsfuß (siehe oben unter Ziffer 2),

u = die Umtriebszeit des größten Waldreinertrags,

W_u = den Tauschwerth des Normalwaldes, d. h. eines Waldes, welcher derartig bestockt ist, daß der unter den concreten Verhältnissen größtmögliche Reinertrag, ohne Verringerung des Werths seiner Bestockung, nachhaltig aus dem Walde bezogen werden kann, mithin eines Waldes, welcher eine Bewirthschaftung mit der Umtriebszeit des größten Waldreinertrags gestattet,

B_u = den Tauschwerth des zugehörigen Waldbodens,

r_u = den Waldreinertrag, welcher bei Einhaltung der Umtriebszeit u nachhaltig jährlich erzielt werden kann,

N_u = den Tauschwerth des Holzvorraths, welcher zum ununterbrochenen Fortbezug von r_u im Wald vorhanden sein muß,

und beziehen am einfachsten die betr. Werthe auf die Flächeneinheit.

Da der Waldtauschwerth in dem kapitalisirten Waldreinertrag besteht, so können wir die Formel anschreiben:

$$W_u = \frac{r_u}{0{,}op}.$$

Ferner kann nicht wohl bezweifelt werden, daß ein Wald, welcher in u Schläge getheilt, mit Holzbeständen von normaler Altersstufenfolge schlagweise bestockt ist, normalen Zuwachs besitzt und normale Durchforstungsmassen enthält, den der Umtriebszeit u entsprechenden größten Waldreinertrag nachhaltig an Haubarkeit- und Zwischennutzungen zu liefern vermag.

Der Geldwerth des in diesem Falle vorhandenen Holzvorraths entspricht daher dem normalen Holzvorrathswerth $= N_u$, welchen wir auch in dem hypothetischen Falle als vorhanden annehmen müßten, wenn jeder der u Schläge mit Holz bestanden wäre, dessen Geldwerth dem Product aus seinem Alter mit dem u^{ten} Theil des Reinertrags (an Haubarkeit- und Zwischennutzungen) des ganzen Waldes $\left(= \frac{r_u}{u}\right)$ entspräche. (Man vergleiche die analogen, für Masse und Zuwachs an Haubarkeitnutzungen, ohne Zuziehung der Zwischennutzungen und ohne Rücksicht auf den Geldwerth der Nutzungen angestellten Betrachtungen in Carl Heyer's Waldertragsregelung, Gießen 1841.)

Wir können daher, wenn wir den Normalvorrathswerth uns auf die einzelnen Schläge in vorstehend angegebener Weise vertheilt denken, und die Rechnung für Sommersmitte anstellen, durch Multiplication der Summa aus dem ersten und letzten Glied der Schlagreihe $= \left[\frac{1}{2}\,\frac{r_u}{u} + (u - \frac{1}{2})\,\frac{r_u}{u}\right]$ mit der halben Anzahl der Glieder $= \frac{u}{2}$ die einfache Formel anschreiben:

$$N_u = \frac{u\,.\,r_u}{2}$$

Der Werth des zum vortheilhaftesten Waldwirthschaftsbetrieb erforderlichen Holzvorraths wächst und fällt, wie aus der Formel ersichtlich, gleichmäßig mit der Größe des Reinertrags, den der Wald liefert, und mit der Höhe der Umtriebszeit des größten Reinertrags. Es ist selbstverständlich nicht erforderlich, daß der Normalvorrathswerth durch eine Holzbestandsreihe von normaler Altersstufenfolge ꝛc. repräsentirt wird, es genügt vollkommen, wenn dieser Werth überhaupt in beliebiger Abstufung von Holzbeständen vorhanden ist.

Da übrigens jeder, auch der seiner Flächenausdehnung nach geringfügigste Holzbestand als ein für sich bestehender, eine vortheilhafteste Benutzung zulassender „Wald" betrachtet werden kann, so erscheint es am einfachsten, den Werth des Normalvorraths für die Umtriebszeit des größten Reinertrags nicht durch eine Summe von Holzbeständen verschiedenen Alters repräsentirt anzunehmen, sondern durch einen einzigen gleichaltrigen Holzbestand, der einen Abtriebsertrag liefert, dessen Werth dem Werth des Normalvorraths gleichsteht.

Bezeichnen wir mit:

n = das Holzbestandsalter, in welchem der Holzbestandswerth dem Normalvorrathswerth für die Umtriebszeit des größten Waldreinertrags gleichsteht,

A_n = den Werth des Abtriebsertrags dieses Holzbestands,

so ist:

$$A_n = N_u$$

und wir können den zum ununterbrochenen Fortbezug von r_u erforderlichen Holzvorrathswerth als vorhanden ansehen, wenn der ganze Wald mit n jährigem Holz bestockt ist, wenn mithin:

$$A_n = \frac{u \cdot r_u}{2}$$

Dasjenige Alter des Bestands, in welchem diese Gleichung besteht, läßt sich aber, da u und r_u bekannte, aus der Geldertragstafel zu entnehmende Größen sind, mithin A_n einen gegebenen, in Geld ausgedrückten Werth repräsentirt, in der vorhandenen Geldertragstafel direct aufsuchen, oder durch Interpolation ermitteln, so daß n für die Folge als eine bekannte Größe angesehen werden darf.

Wie bereits unter Ziffer 3 und 4 erörtert wurde, ist der Tauschwerth des Waldbodens einfach dadurch zu ermittteln, daß von dem Tauschwerth des mit der Umtriebszeit des größten Waldreinertrags bewirthschafteten Waldes der Tauschwerth der zum Waldwirthschaftsbetrieb erforderlichen Holzbestände abgezogen wird, es ist daher:

$$B_u = W_u - N_u$$

oder, wenn man die Werthe für W_u und N_u in diese Formel einführt:

$$B_u = \frac{r_u}{0{,}op} - \frac{u \cdot r_u}{2}$$

$$B_u = r_u \left(\frac{100}{p} - \frac{u}{2}\right)$$

7) Aus dieser außerordentlich einfachen Formel für den Tauschwerth des Waldbodens ergiebt sich zugleich, daß B_u gleichmäßig mit r_u steigt und sinkt, sowie daß B_u um so größer wird, je größer die Differenz zwischen $\frac{100}{p}$ und $\frac{u}{2}$ und um so kleiner, je kleiner dieselbe ist. Da unser B_u (weil es keinen imaginären Erwartungswerth, sondern einen reellen Tauschwerth repräsentirt) niemals negativ, sondern äußersten Falls nur $= \theta$ werden kann (wenn der Boden unentgeltlich hingegeben wird), so erhalten wir für diesen Fall:

$$\theta = \frac{100}{p} - \frac{u}{2}$$

$$p = \frac{200}{u}$$

und sehen daraus, daß der Zinsfuß des Waldwirthschaftsgewerbes ein diesem Gewerbe eigenthümlicher, in seinem Maximalwerth allein von der Umtriebszeit abhängiger ist, daß er sich in ganz bestimmten Grenzen bewegt, und weder mit dem bei dem Landwirthschaftsbetrieb erzielten, noch dem bei anderen Gewerbebetrieben erreichbaren oder bei dem Ausleihen von Geldkapitalien üblichen Zinsfuß in irgend welchem Zusammenhange steht.

Wenn wir B_u (das Geldkapital, welches für Erwerb des Waldbodens hingegeben worden ist) als constante Größe betrachten, dagegen die Umtriebszeit $= x$, mit welcher die auf dem Waldboden stockenden Holzbestände behandelt werden sollen, als variabel annehmen, so erhalten wir aus der Formel:

$$B_u = r_x \left(\frac{100}{p} - \frac{x}{2}\right)$$

den allgemeinen Ausdruck für p:

$$p = \frac{100 \cdot r_x}{B_u + \frac{x \cdot r_x}{2}} = \frac{200 \cdot r_x}{2\, B_u + x \cdot r_x}$$

oder da:

$$\frac{x \cdot r_x}{2} = N_x$$

die Formel:

$$p = \frac{100 \cdot r_x}{B_u + N_x}$$

eine Formel, welche jede Discussion verträgt und klar erkennen läßt, daß der dem forstwirthschaftlichen Gewerbe eigenthümliche, jedoch sehr variable Zinsfuß, zu welchem die in „Wald" angelegten Geldkapitalien sich rentiren, mit Erhöhung der Umtriebszeit über diejenige des größten Waldreinertrags = u hinaus, womit r_x abnimmt, während N_x wächst, sich verringert, dagegen mit Erniedrigung unter jene Umtriebszeit u, womit sowohl r_x als N_x abnimmt, so lange sich erhöht, bis:

$$\frac{100 \cdot r_{x-1}}{B_u + N_{x-1}} < \frac{100 \cdot r_x}{B_u + N_x}$$

und dann wieder abnimmt, daß mithin für Herabsetzung der Umtriebszeit ebenwohl eine Grenze besteht, die ohne offenbare Verluste seitens des Waldbesitzers nicht überschritten werden darf.

Auch erhellt aus obigem Ausdruck für p, daß der Zinsfuß, zu welchem sich in „Wald" angelegte Geldkapitalien verzinsen, um so höher ist, je geringeren Werth der Waldboden besitzt, und um so geringer, je größer der Bodenwerth ist, daß also Waldungen, die auf absolutem Waldboden stocken, den verhältnißmäßig höchsten Zinsengenuß erwarten lassen.

8) Es erscheint übrigens erforderlich, neben den einfachen Formeln für den Tauschwerth des Waldes (W_x) und den Tauschwerth des Waldbodens (B_u) auch für den Tauschwerth der Holzbestände einen einfachen Ausdruck zu besitzen, da auch Waldungen als Tauschobjecte in Frage kommen können, welche bisher einen jährlichen Reinertrag überhaupt noch nicht zu liefern vermochten, so daß die Formel:

$$W_x = \frac{r_x}{0{,}op}$$

zur Bestimmung ihres Tauschwerths keine Anwendung finden kann, und letzterer nur durch die Summe des Tauschwerths des Bodens B_u und des Tauschwerths der darauf stockenden Holzbestände repräsentirt wird (cf. die Abhandlung „der Tauschwerth der Holzbestände" im Februarheft der Allgem. Forst- und Jagdzeitung von 1867).

Betrachten wir zu diesem Zwecke den Wachsthumsgang eines Holzbestands von seiner Entstehung an bis zum Alter seiner natürlichen Abständigkeit, in Beziehung auf den Werth, den er jeweilig in seinem von den Erntekosten befreiten Abtriebsertrag repräsentirt, und zugleich unter der Voraussetzung, daß dem Abtrieb des vorhandenen die Gründung eines neuen Bestands sofort nachfolgt, so ist von vornherein klar, daß innerhalb dieser Wachsthumsperiode wohl ein Zeitpunkt eintreten wird, in welchem eine sachgemäße Benutzung des vorhandenen Bestands für den Besitzer desselben am absolut vortheilhaftesten sein wird.

Nehmen wir nun einmal an, das Altersjahr (= a), in welchem diese vortheilhafteste Benutzung des Holzbestands eintreten kann, sei bereits bekannt, und nennen wir dasselbe das Alter der Reife des Bestands, so kann kein Zweifel darüber bestehen, daß der Geldwerth des Abtriebsertrags (= A_a), welchen ein Bestand im Alter der Reife zu liefern vermag, als der Tauschwerth dieses Bestands betrachtet werden muß; denn es muß stets daran festgehalten werden, daß der „Tauschwerth", welcher die Tauschenden beiderseits befriedigen muß, nur mit Rücksicht auf die zulässige vortheilhafteste Benutzung des Tauschobjects festgestellt werden darf.

Hat ein Bestand das Alter der Reife bereits überschritten, so besteht sein Tauschwerth in dem concreten Werth seines Abtriebsertrags, da der Verlust, der damit verbunden war, daß der vortheilhafteste Zeitpunkt zur entsprechenden Benutzung des concreten Bestands versäumt worden ist, der Vergangenheit angehört, und auf den gegenwärtigen Tauschwerth des Bestands keinen Einfluß zu äußern vermag; hat der Bestand jedoch das Alter der Reife noch nicht erreicht, so kann der Abtriebsertrag desselben seinen wahren Werth (Tauschwerth) nicht repräsentiren, weil der Zeitpunkt seiner vortheilhaftesten Benutzung gegenwärtig noch nicht eingetreten ist; sein Tauschwerth wird vielmehr den Abtriebsertrag übersteigen, weil die Möglichkeit vorliegt, den Bestand das Alter der Reife erreichen zu lassen, bevor eine entsprechende Benutzung stattfindet.

Es fragt sich nun, auf welche Art das für den Tauschwerth eines wirthschaftlich unreifen Bestands entscheidende Alter der Reife (= a) bestimmt werden kann.

Die Lösung dieser Frage erfolgt jedoch leicht durch die einfache Betrachtung, daß das Alter der Reife, der gegebenen Definition nach, mit dem Altersjahr zusammenfällt, in welchem der Zeitpunkt vortheilhaftester Benutzung des Holzbestands eintritt, und daß, wie sub Ziffer 6 entwickelt wurde, die vortheilhafteste Benutzung, d. h. der nachhaltige Bezug des größten Waldreinertrags möglich ist, sobald der vorhandene Holzbestand das Alter $= n$ erreicht hat, in welchem der Werth seines Abtriebsertrags ($= A_n$) dem Werth des zur Einhaltung der Umtriebszeit des größten Reinertrags erforderlichen Holzvorraths gleichsteht.

Es ist daher, wenn man mit a das Alter der Reife und mit A_a den Werth des Abtriebsertrags des Bestands im Alter a bezeichnet:

$$a = n,$$

$$A_a = A_n$$

und wenn wir für A_n seinen sub Ziffer 6 entwickelten Werth setzen:

$$A_a = N_u = \frac{u \,.\, r_u}{2}$$

Dasjenige Alter des Bestands, in welchem diese Gleichung besteht, kann jedoch in der Geldertragstafel aufgesucht werden, so daß hiernach das Alter der Reife als eine bekannte Größe anzusehen ist.

9) Der Tauschwerth eines a jährigen, oder älteren Holzbestands, der seine wirthschaftliche Reife erreicht oder überschritten hat, fällt stets mit dem Werth seines Abtriebsertrags zusammen, welcher aus der Ertragstafel br. m. entnommen werden kann. Der Tauschwerth eines wirthschaftlich unreifen, mithin nur 1 bis (a—1)jährigen Bestands ist jedoch von dem concreten Abtriebsertrag, den er zu liefern vermöchte, ganz unabhängig und nur bedingt durch den Werth, den er im Alter der Reife repräsentirt.

Der Tauschwerth eines Holzbestands wird vom 1ten bis aten Jahre fortwährend steigen, da mit zunehmendem Alter des Bestands der Zeitpunkt seiner vortheilhaftesten Benutzung, in welcher er den Werth $= A_a$ repräsentirt, immer näher rückt, und es wird die Durchschnittsquote $= q$, um welche der Werth des Bestands alljährlich zunimmt, dadurch ausgedrückt werden können, daß man den Werth A_a durch die Anzahl der Jahre (= a), welche zu dieser Werthsanhäufung erfordert werden, theilt:

$$q = \frac{A_a}{a}$$

Wenn es sich darum handelt, einen Holzbestand gegen Hingabe eines Geldkapitals einzutauschen, so kann keiner der Tauschenden sich dadurch benachtheiligt finden, daß für den Holzbestand eine jährlich gleiche Werthsteigerung bis zum a^{ten} Jahre unterstellt wird (obwohl factisch die Werthszunahme anderen Gesetzen folgt), weil von keiner Seite eine frühere Benutzung des Holzbestands, vor dem Eintritt in das a^{te} Jahr, beabsichtigt und als vortheilhaft erachtet werden kann. Der etwa mögliche vorherige Eingang von Zwischennutzungen kann füglich außer Acht gelassen und angenommen werden, daß die ganze Durchforstungsmasse bis zum Alter der Reife (= a) sich ansammle.

Bezeichnen wir nun mit:

x = das variabele, zwischen den Jahren 1 bis a liegende Alter eines wirthschaftlich unreifen Holzbestands,

H_x = den Tauschwerth dieses x jährigen Holzbestands,

so erhalten wir die einfache Formel:

$$H_x = \frac{A_a}{a} . x$$

in welcher x die Werthe 1, 2, 3 . . . . bis a annehmen kann, und welche für den Maximalwerth von x = a die Gleichung ergiebt:

$$H_a = A_a$$

wodurch ausgedrückt wird, daß der Tauschwerth eines Holzbestands, welcher im Alter der Reife steht, dem Werth seines Abtriebsertrags gleich ist.

Wird in obige Formel der Werth für A_a, nämlich:

$$A_a = N_u = \frac{u . r_u}{2}$$

eingesetzt, so erhalten wir den Ausdruck:

$$H_x = \frac{u . r_u}{2 . a} . x$$

Aus dieser einfachen Formel für den Tauschwerth wirthschaftlich unreifer Holzbestände ist ersichtlich, daß der Tauschwerth, unter sonst gleichbleibenden Verhältnissen, mit dem Alter des Bestands gleichmäßig steigt und fällt, und im Allgemeinen um so größer ist, je größeren Reinertrag (= r_u) der Wald liefert, je höher die Umtriebszeit (= u) ist, bei welcher der größte Reinertrag erzielt wird, und je früher das Alter der Reife = a, d. h. der Zeitpunkt eintritt, in welchem der größtmögliche Reinertrag bezogen werden kann.

10) Durch die vorstehend entwickelten Formeln für den Tauschwerth des Waldes (= W_x), des Waldbodens (= B_u) und des Holzbestands (= H_x) wünschen wir unseren Fachgenossen ein Hülfsmittel zu bieten, um auf der sicheren Grundlage der gegenwärtigen, thatsächlichen Verhältnisse (ohne willkürliche Hypothesen bezüglich der Vergangenheit, ohne ungewisse Speculationen bezüglich der Zukunft, und vor Allem ohne Discontorechnung) in einfachster Weise Waldwerthbestimmungen vornehmen zu können, die nicht zu entbehren sind, wenn nicht das Waldwirthschaftsgewerbe zum Tasten im Finstern für immer verurtheilt sein soll.

Wir wollen nun keineswegs behaupten, daß die von uns entwickelten Formeln mit absoluter mathematischer Genauigkeit die gesuchten Werthe ergäben, aber es lassen sich „Tauschwerthe" (da ein Tausch überhaupt nur zum Vollzug kommen kann, wenn die Tauschenden über den Werth des Tauschobjects verschiedener Ansicht sind) ohnehin nur als Näherungswerthe denken, und ein mathematischer Ausdruck für den etwa so zu nennenden wahren Werth eines Tauschobjects ist sowohl theoretisch, als praktisch von sehr geringer Bedeutung und sehr zweifelhaftem Werth. Wir behaupten daher auch nur, daß die Art und Weise der Waldwerthbestimmung, wie wir solche in Vorschlag gebracht haben, zu praktisch sehr brauchbaren Resultaten führe, und in allen irgend nur denkbaren Fällen jederzeit Anwendung finden könne.

Wir verkennen durchaus nicht, daß einige — behufs Vereinfachung der Rechnung — von uns gemachte Annahmen, wie z. B. diejenige, daß die jährlichen Ausgaben für Kulturen 2c. im Normalwald (einem derartig bestockten Wald, daß der nachhaltige Bezug des größtmöglichen Reinertrags für Holz aus demselben gesichert erscheint) mit den zeitweiligen Einnahmen aus Nebennutzungen compensirt werden könnten, und daß daher sowohl diese Einnahmen wie jene Ausgaben außer Rechnung bleiben dürften, oder diejenige, daß die in einem Holzbestand zulässigen Zwischennutzungen bis zum „Alter der Reife" verschoben gedacht werden sollten, angefochten werden können, aber thatsächlich hat eine sorgfältige Berücksichtigung einerseits der betreffenden Einnahme- und Ausgabeziffern, andererseits des wirklichen Zeitpunkts des Zwischennutzungseingangs bei unserer Rechnungsmethode einen so geringfügigen Einfluß auf das Resultat der Rechnung, daß derselbe, der erzielten Vereinfachung des Verfahrens gegenüber, kaum ins Gewicht fällt.

Von wesentlicher, principieller Bedeutung für das vorgeschlagene Rechnungsverfahren ist nur der unverrückt festzuhaltende Gesichtspunkt, daß eine Beurtheilung der Rentabilität des Waldwirthschaftsbetriebs erst mit dem Zeitpunkt eintreten darf, in welchem die Bestockung eine derartige ist, daß der unter concreten Verhältnissen größtmögliche Waldreinertrag alljährlich nachhaltig bezogen werden kann. Auch darf nicht übersehen werden, daß durchaus kein Unterschied besteht in der Beurtheilung ausgedehnter Waldcomplexe und kleiner Waldparcellen, daß letztere nach ganz den gleichen Grundsätzen, wie erstere auf ihre Rentabilität untersucht werden können, denn es ist auch auf kleinster Fläche, wenn dieselbe mit Holz im „Alter der Reife" bestockt ist, nicht nur denkbar, sondern praktisch ausführbar, den größtmöglichen Reinertrag, mittelst Einhaltung des Femelbetriebs, dauernd zu beziehen. Es beanspruchen daher unsere einfachen Formeln gleichmäßige Geltung für die Verhältnisse des Großgrundbesitzers, wie für diejenigen des kleinsten Waldwirths, sie sind in allen nur denkbaren Fällen anwendbar, und wir sind überzeugt, daß ihre allgemeinere Anwendung zu einer glücklichen Lösung der Waldwerthrechnungsfrage wesentlich beitragen würde.

Schlußbetrachtung.

Anschließend an vorstehende Abhandlung Nr. IX haben wir unter der gleichen Ueberschrift: „Zur Lösung der Waldwerthrechnungsfrage" noch vier weitere Artikel veröffentlicht, welche sich in der „Zeitschrift für Forst- und Jagdwesen" und zwar im April-, September- und Decemberheft von 1886, sowie im Juliheft von 1887 abgedruckt finden. Da deren Wiedergabe — gemäß § 10 des Reichsgesetzes vom 11. Juni 1870 — vorerst nicht zulässig erscheint, so erlauben wir uns, auf genannte Zeitschrift zu verweisen, wollen jedoch zum Schlusse noch an einem concreten Beispiel vor Augen führen, in welcher Weise nach unserer Rechnungsmethode zu verfahren ist, wenn es sich um Ermittelung des Tauschwerths eines beliebig zusammengesetzten concreten Waldcomplexes handelt.

In jedem beliebigen Falle sind vor allen Dingen, auf Grund der bereits vorliegenden, resp. zu entwerfenden Holzgeldertragstafeln, die Reinerträge und Normalvorrathswerthe, welche sich bei Einhaltung verschiedener Umtriebszeiten ergeben, resp. zur dauernden Einhaltung derselben vorhanden sein müssen, sowie die Umtriebszeit des größten Reinertrags und das Alter der wirthschaftlichen Reife für jede einzelne, in Frage stehende Betriebsklasse mittelst unserer außerordentlich einfachen Formeln zu berechnen, um auf Grundlage dieser Ermittelungen den concreten Waldzustand richtig beurtheilen zu können.

Wenn nun auch der in Rede stehende Waldcomplex aus mehreren in Bezug auf Holzart und Ertragsverhältnisse verschiedenen Betriebsklassen bestehen sollte, so wird es doch genügen, wenn für eine einzige Betriebsklasse, welche nicht aus Beständen von normaler, sondern aus solchen von durchaus abnormaler Altersstufenfolge besteht, die Rechnung durchgeführt wird, da die Werthe der übrigen Betriebsklassen in analoger Weise zu ermitteln sind, und in der Summa dieser Werthe der Werth des ganzen Waldcomplexes repräsentirt wird. Nehmen wir daher an, daß es sich vorerst nur um Ermittelung des Tauschwerths einer Kiefernbetriebsklasse handle, auf deren Ertragsverhältnisse die in Burkhardts Hülfstafeln, Seite 215 veröffentlichte „Ertragstafel für einen Morgen Kiefernwald" anwendbar sei, so haben als Grundlage unserer Rechnung nachstehende Ertragsziffern zu gelten:

Ertragstafel für 1 ha Kiefernwald.

Altersjahr der Nutzung	Von den Erntekosten befreiter	
	Geldwerth des Zwischennutzungsertrags M	Geldwerth des Abtriebsertrags M
20	12,0	108,0
30	42,0	302,4
40	57,6	666,0
50	67,2	1267,2
60	79,2	2062,8
70	90,0	2970,0
80	88,8	3608,4
90	86,4	4214,4
100	—	4500,0

Die vorstehenden Ertragsziffern reichen nun vollkommen aus, um die oben angegebenen, zum Zwecke der Einhaltung eines jährlichen Nachhaltsbetriebs unentbehrlichen Ermittelungen vorzunehmen. Am einfachsten geschieht dies in nachstehender Tabellenform:

Ermittelung der Reinerträge und Normalvorrathswerthe der verschiedenen Umtriebszeiten, sowie der Umtriebszeit des größten Reinertrags und des Alters der wirthschaftlichen Reife.

Wenn die Fläche je eines Jahresschlags = 1 ha beträgt, so liefert eine in normaler Altersstufenfolge bestockte Betriebsklasse von 20, 30, 40 . . . . . . 100 ha bei Einhaltung einer der Zahl der Schläge entsprechenden Umtriebszeit (= x) von:

		20	30	40	50	60	70	80	90	100	
	$x =$	20	30	40	50	60	70	80	90	100	Jahren
alljährlich nebenstehenden Abtriebsertrag $A_x =$		108,0	302,4	666,0	1267,2	2062,8	2970,0	3608,4	4214,4	4500,0	Mark
sowie alljährlich die in den neben angegebenen Bestandsaltern erfolgenden Zwischennutzungserträge	20:	—	12,0	12,0	12,0	12,0	12,0	12,0	12,0	12,0	"
	30:	—	—	42,0	42,0	42,0	42,0	42,0	42,0	42,0	"
	40:	—	—	—	57,6	57,6	57,6	57,6	57,6	57,6	"
	50:	—	—	—	—	67,2	67,2	67,2	67,2	67,2	"
	60:	—	—	—	—	—	79,2	79,2	79,2	79,2	"
	70:	—	—	—	—	—	—	90,0	90,0	90,0	"
	80:	—	—	—	—	—	—	—	88,8	88,8	"
	90:	—	—	—	—	—	—	—	—	86,4	"
oder alljährlich in Summa den nebenstehenden Ertrag an Abtriebs- und Zwischennutzungen ($A_x + \Sigma D_x = S_x$)	$S_x =$	108,0	314,4	720,0	1378,8	2241,6	3228,0	3956,4	4651,2	5023,2	Mark

mithin beträgt:

1. der jährliche Reinertrag pro ha $\left(\frac{S_x}{x} = r_x\right)$	$r_x =$	5,40	10,48	18,00	27,58	37,36	46,11	49,46	51,68	50,23	Mark
2. der größte jährliche Reinertrag pro ha	$r_u =$								51,68		"
3. Die Umtriebszeit des größten Reinertrags	$u =$								90		Jahre
4. der Werth des zur Einhaltung der Umtriebszeit x erforderl. Normalvorraths $\left(\frac{x \cdot r_x}{2} = N_x\right)$ pro ha	$N_x =$	54,0	157,2	360,0	689,4	1120,8	1614,0	1978,2	2325,6	2511,6	Mark
5. der Werth des zur Einhaltung der Umtriebszeit des größten Reinertrags (= u) erforderl. Normalmalvorraths pro ha	$N_u =$								2325,6		"
6.*) das Alter der wirthschaftlichen Reife (= a), in welchem der Werth des Abtriebsertrags dem sub 5 verzeichneten Werth gleichsteht ($A_a = N_u$)	$a =$					63					Jahre

*) Anmerkung zu 6: Da der Werth des Abtriebertrags A_x im 60sten Jahr = 2062,8 ℳ, im 70sten Jahr = 2970,0 ℳ beträgt, so muß der Werth A_a = 2325,6 ℳ zu irgend einer Zeit zwischen dem 60sten und 70sten Jahr vorhanden sein, und es wird mittelst einfacher Interpolation das 63ste Jahr als derjenige Zeitpunkt ermittelt, in welchem $A_a = N_u$ = 2325,6 ℳ.

Nehmen wir nun beispielsweise an, die hier in Rede stehende concrete Kiefernbetriebsklasse besitze eine Größe von = 100 ha und sei bestockt:

auf	=	40 ha	mit	=	80jährigen	Kiefern
„	=	30 „	„	=	40 „	„
„	=	20 „	„	=	20 „	„
„	=	10 „	„	=	1 „	„
Summa	=	100 ha				

so ist vor Allem der Tauschwerth des concreten Holzvorraths dieser Betriebsklasse und hieraus sowohl der jährliche Reinertrag zu bestimmen, den gegenwärtig die Betriebsklasse nach Maßgabe ihrer concreten Bestockungsverhältnisse dauernd zu liefern vermag, als auch die Umtriebszeit zu ermitteln, welche behufs dauernden Fortbezugs des gegenwärtig möglichen jährlichen Reinertrags eingehalten werden müßte.

Den Tauschwerth des gegenwärtig vorhandenen Holzvorraths obiger Betriebsklasse erhalten wir jedoch, nach unserem Rechnungsverfahren, in der Summa der unmittelbar aus vorstehender Tabelle für die Flächeneinheit zu entnehmenden Werthe der Abtriebserträge, insoweit 63 und mehr Jahre alte Bestände in Frage stehen, und der nach der Formel:

$$H_x = \frac{A_a}{a} \, . \, x = \frac{N_u}{a} \, . \, x$$

zu berechnenden Bestandswerthe, insoweit es sich um jüngere als 63jährige Bestände handelt, nachdem wir diese Werthe zuvor mit den betr. Flächengrößen multiplicirt haben.

Wir erhalten daher den Tauschwerth des in obiger Betriebsklasse zur Zeit stockenden Holzvorraths durch Summirung folgender Ansätze, für welche die betr. Ertragsziffern aus der Tabelle zu entnehmen sind:

$$40 \, . \, H_{80} = 40 \, . \, A_{80} = 40 \, . \, 3608{,}4 \; . \; . \; . \; = 144336{,}0 \; \mathcal{M}$$

$$30 \, . \, H_{40} = 30 \, . \, \frac{N_u}{a} \, . \, x = 30 \, . \, \frac{2325{,}6}{63} \, . \, 40 = 44297{,}1 \; „$$

$$20 \, . \, H_{20} = 20 \, . \, \frac{N_u}{a} \, . \, x = 20 \, . \, \frac{2325{,}6}{63} \, . \, 20 = 14765{,}7 \; „$$

$$10 \, . \, H_{1} = 10 \, . \, \frac{N_u}{a} \, . \, x = 10 \, . \, \frac{2325{,}6}{63} \, . \, 1 = 369{,}1 \; „$$

$$\text{Sa.} = 40 \, . \, H_{80} + 30 \, . \, H_{40} + 20 \, . \, H_{20} + 10 \, . \, H_{1} = 203767{,}9 \; \mathcal{M}$$

Der Tauschwerth des concreten Holzvorraths der obigen **100 ha** großen Betriebsklasse beträgt mithin = 203767,9 *M*, und hieraus ergiebt sich durch Division mit 100 der **Tauschwerth des concreten Holzvorraths pro ha:**

$$N = 2037{,}7\ \mathcal{M}.$$

Dieser im concreten Falle thatsächlich vorhandene concrete Vorrathswerth von = 2037,7 *M* pro ha fällt — wie aus obiger Tabelle zu entnehmen — zwischen den zur Einhaltung einer 80jährigen und den zur Einhaltung einer 90jährigen Umtriebszeit erforderlichen Normalvorrathswerth von = 1978,2 *M* und resp. = 2325,6 *M* pro ha, und stimmt nahezu überein mit dem „Normalvorrathswerth" von = 2012,9 *M*, welcher mittelst Interpolation als der zur Einhaltung einer Umtriebszeit von = 81 Jahren und zu dauerndem Fortbezug eines jährlichen Reinertrags pro ha von:

$$r_{81} = \frac{N_{81}}{\frac{81}{2}} = \frac{2\,.\,2012{,}9}{81} = 49{,}70\ \mathcal{M}$$

erforderliche Vorrathswerth gefunden wird.

Da es — wie wir in der Abhandlung Nr. I nachgewiesen — nicht nothwendig ist, daß der Normalvorrathswerth von = 2012,9 *M* durch eine Holzbestandsreihe von normaler Altersstufenfolge repräsentirt wird, es vielmehr zum dauernden Fortbezug des jährlichen Reinertrags von = 49,70 *M* pro ha vollkommen genügt, wenn der hierzu erforderliche Normalvorrathswerth von = 2012,9 *M* pro ha in beliebiger Abstufung von Holzbeständen vorhanden ist, so könnte in der vorliegenden concreten Betriebsklasse von 100 ha, in welcher der Normalvorrathswerth pro ha noch etwas größer ist, nämlich = 2037,7 *M* beträgt, der Reinertrag von = 49,70 *M* pro ha, oder im Ganzen (auf = 100 ha) ein jährlicher Reinertrag von = 4970 *M* unter allen Umständen dauernd fortbezogen werden, wenn keine höhere Umtriebszeit als eine solche von 81 Jahren dauernd eingehalten werden wollte.

Aus obiger Tabelle ist jedoch ersichtlich, daß die Umtriebszeit des **größten** Reinertrags nicht 81, sondern 90 Jahre beträgt, und die Betriebsklasse einen jährlichen Reinertrag von = 51,68 *M* zu liefern im Stande wäre, wenn ein Holzvorrath im Werthe von = 2325,6 *M* pro ha in derselben stockte, so daß vorerst — um den Tauschwerth des Wald**bodens** zu ermitteln — die Unterstellung geboten ist, daß dieser für die Wirthschaft vortheilhafteste Normalzustand — dessen Herstellung jederzeit möglich — bereits vorhanden sei.

Der Tauschwerth der in solchem Normalzustand befindlichen Betriebsklasse würde dann dem Tauschwerth des betr. Normalvorraths mindestens gleichstehen müssen, mithin pro ha mindestens betragen:

$$W_{90} = N_{90} = 2325{,}6 \text{ M}$$

Der **Minimal**werth der im Normalzustand befindlichen Betriebsklasse ergiebt sich bekanntlich auch durch Kapitalisirung ihres Reinertrags mit dem **Maximal**zinsfuß:

$$p = \frac{200}{90} = 2{,}22\ldots$$

und wir gelangen zu demselben Resultat durch die Formel:

$$W_{90} = \frac{r_{90}}{0{,}0222\ldots} = \frac{51{,}68\ .\ 100}{2{,}22\ldots} = 2325{,}6 \text{ M}$$

Im Tauschverfahren erfolgt nun — cf. Seite 8 — die Einigung über das Verzinsungsprocent zwischen den Tauschenden **dadurch,** daß der **Verkäufer** eine den **Minimalwerth** des Tauschobjects, welcher in dem vorliegenden Falle für die 100 ha große, normal bestockte Betriebsklasse 100 × 2325,6 = 232560 M beträgt, beträchtlich übersteigende Summe, z. B. 280000 M fordert, der **Käufer** eine jenen Werth (welchen er vernünftiger Weise ebenwohl als Minimalwerth anerkennen muß) nur wenig übersteigende Summe, z. B. 240000 M bietet, und die Tauschenden sich schließlich über einen Mittelpreis, z. B. 260000 M einigen, welcher alsdann als der **gegenwärtige** Tauschwerth, wie er durch Angebot und Nachfrage sich festgestellt hat, anzuerkennen ist.

Es beträgt daher unter den **vorliegenden** Verhältnissen der gegenwärtige Tauschwerth der mit dem Normalvorrath zur Einhaltung der Umtriebszeit des größten Reinertrags bestockten Betriebsklasse pro ha:

$$W_{90} = 2600{,}0 \text{ M}$$

und wenn hieran der Tauschwerth des Normalvorraths pro ha:

$$N_{90} = 2325{,}6 \text{ M}$$

in Abzug gebracht wird, so erhält man in der Differenz den gegenwärtigen **Tauschwerth des Waldbodens pro ha:**

$$B = W_{90} - N_{90} = 2600{,}0 - 2325{,}6 = 274{,}4 \mathcal{M}.$$

Da unsere Aufgabe darin bestand, den Tauschwerth der concreten Betriebsklasse festzustellen, so erscheint dieselbe nunmehr gelöst, denn wir haben nur die für den Tauschwerth des concreten Holzvorraths der Betriebsklasse pro ha und für den Tauschwerth des Waldbodens pro ha ermittelten Werthe zu addiren, um in der Summe unmittelbar den **Tauschwerth der concreten Betriebsklasse pro ha** zu erhalten:

$$W = N + B = 2037{,}7 + 274{,}4 = 2312{,}1 \mathcal{M}.$$

Mit Rücksicht darauf, daß nur der Tauschwerth des concreten Holzvorraths einer Betriebsklasse aus den Zahlenangaben der Ertragstafel sich durch **Rechnung** ermitteln läßt, während die Ermittelung des Tauschwerths des Waldbodens stets auf **Schätzung** beruht, da jene Zahlenangaben nur Anhaltspunkte bieten, um den Minimalwerth einer normal bestockten Betriebsklasse festzustellen, und es der Schätzung der Tauschenden stets überlassen bleiben muß, sich über den als Tauschwerth des Waldbodens anzusehenden Betrag zu einigen, um welchen jener Minimalwerth bei dem Vollzug des Tausches überschritten wird, erfolgt in praxi die Ermittelung des Tauschwerths des Waldbodens gewöhnlich **von vornherein** mittelst Schätzung, indem man br. m. über einen Bodenpreis sich einigt, wie er für zum Feldbau nur schlecht sich eignenden, daher der Holzzucht gewidmeten Boden in der betr. Gemarkung bezahlt zu werden pflegt.

Mag jedoch der Tauschwerth des Waldbodens auf die eine oder andere Art ermittelt resp. abgeschätzt worden sein, jedenfalls bildet er **nach** dem Vollzug des Tausches für den Waldkäufer diejenige **constante** Größe, welche als Grundlage für seine Waldwirthschaft anzusehen ist. Nur der Holzvorrathswerth, auf dessen Vermehrung oder Verminderung der Waldkäufer nach freier Willkür hinzuwirken vermag, ist für ihn fernerhin als **veränderliche** Größe zu betrachten.

Es dürfte von Interesse sein, schließlich noch der Beantwortung einiger Fragen näher zu treten, welche jeder Waldkäufer, welcher den Wald nicht in der Absicht, ihn abzuholzen, sondern in der Absicht,

Waldwirthschaft zu betreiben und eine jährliche Rente aus derselben zu ziehen, gekauft hat, nach dem Vollzug des Kaufs sich vorlegen wird, und nachzuweisen, daß deren Beantwortung mit größter Einfachheit und Leichtigkeit an der Hand unserer Rechnungsmethode erfolgt.

Wünscht z. B. der Waldkäufer, welcher die concrete Betriebsklasse zum Preise von = 2312,1 ℳ pro ha gekauft hat, zu wissen, wie seine Waldwirthschaft rentirt, wenn er den gegenwärtig möglichen jährlichen Reinertrag von = 49,70 ℳ pro ha fortbezieht, mithin keinerlei Aenderung in der Wirthschaft vornimmt, so beantwortet sich diese Frage, indem man aus nachstehender Gleichung den Werth für p ermittelt:

$$\frac{p}{100} = \frac{49{,}70}{2312{,}1}$$

$$p = \frac{49{,}70 \,.\, 100}{2312{,}1} = 2{,}15$$

d. h. sein in der Waldwirthschaft angelegtes Geldkapital verzinst sich gegenwärtig zu 2,15 Procent.

Wünscht der Waldkäufer den höchst möglichen Reinertrag von = 51,68 ℳ pro ha zu erwirthschaften, so ist er genöthigt, den gegenwärtigen concreten Holzvorrathswerth von = 2037,7 ℳ pro ha auf den für Einhaltung der Umtriebszeit des größten Reinertrags erforderlichen Holzvorrathswerth von = 2325,6 ℳ pro ha durch Einsparungen zu erhöhen. Da die Differenz zwischen beiden Holzvorrathswerthen = (2325,6 — 2037,7) = 287,9 ℳ pro ha beträgt, so kann die Herstellung des zur Einhaltung der Umtriebszeit des größten Reinertrags erforderlichen Normalvorrathswerths z. B. dadurch erfolgen, daß innerhalb der nächsten 20jährigen Periode alljährlich ein Betrag von:

$$\frac{287{,}9}{20} = 14{,}39 \text{ ℳ pro ha}$$

eingespart, mithin anstatt des gegenwärtig beziehbaren jährlichen Reinertrags von = 49,70 ℳ pro ha innerhalb der nächsten 20 Jahre nur:

$$49{,}70 - 14{,}39 = 35{,}31 \text{ ℳ pro ha}$$

von dem Waldbesitzer bezogen werden. Für alle Folgezeit ist der Waldbesitzer dann in der Lage, den größten Reinertrag mit = 51,68 ℳ pro ha dauernd aus seinem Walde zu beziehen, und sein alsdann in der Wirthschaft festliegendes Geldkapital:

$$N_{90} + B = 2325,6 + 274,4 = 2600,0 \text{ ℳ pro ha}$$

wird sich zu dem aus nachstehender Gleichung zu berechnenden Procentsatz:

$$\frac{p}{100} = \frac{51,68}{2600,0}$$

$$p = \frac{51,68 \,.\, 100}{2600,0} = 1,99$$

mithin zu 1,99 Procent verzinsen.

Da der Waldkäufer von 81jährigem zu 90jährigem Umtrieb übergegangen ist, so mußte selbstverständlich das Verzinsungsprocent des in der Wirthschaft angelegten Geldkapitals sinken, und ist thatsächlich von 2,15 Procent auf 1,99 Procent herabgegangen. Der Kapitalwerth des von dem Waldkäufer erworbenen Waldcomplexes (Betriebsklasse) hat sich aber innerhalb 20 Jahren durch die von dem Käufer vorgenommenen Wirthschaftsmanipulationen (Etatseinsparungen) von dem Betrag von = 231210 ℳ auf den Betrag von 260000 ℳ gesteigert, und der Besitzer würde jederzeit in der Lage sein, den Waldcomplex mit einem Kapitalgewinn von

$$260000 - 231210 = 28790 \text{ ℳ}$$

oder von 287,9 ℳ pro ha (wie wir schon oben gesehen haben) zu verkaufen.*)

*) Die sog. forstlichen Finanzrechner werden uns natürlich entgegenhalten, daß der Waldbesitzer besser daran gethan hätte, wenn er den 81jährigen Umtrieb beibehalten und den bisherigen Reinertrag von 49,70 ℳ pro ha fortbezogen hätte, denn anstatt 14,39 ℳ pro ha, resp. 1439 ℳ auf der 100 ha großen Betriebsklasse, im Walde einzusparen, hätte er 20 Jahre lang jährlich 1439 ℳ in die Sparkasse tragen können, und würde sich auf diese Art in 20 Jahren, wenn 4procentige Zinsen gerechnet werden, ein Kapital von rund = 43000 ℳ erspart haben, welches obigen Holzkapitalwerth von 28790 ℳ mithin um 14210 ℳ übersteige. Allein diese Betrachtungsweise hat nur einen rein theoretischen Werth gegenüber der Thatsache, daß in diesem Falle der in Rede stehende Waldcomplex seinen ursprünglichen Werth von = 231210 ℳ unverändert beibehält, während in unserem Falle der Werth des Waldcomplexes auf = 260000 ℳ sich erhöht, mithin ein productives Waldkapital im Werth von = 28790 ℳ geschaffen wird, und für das Waldwirthschaftsgewerbe eben nur die Schaffung von Waldrenten und Waldkapitalien Bedeutung besitzt.

Auch ist der Waldkäufer (Waldbesitzer) jederzeit in der Lage, mittelst unserer Rechnungsmethode genau und sicher beurtheilen zu können, ob und welchen Vortheil andere (nicht auf Erhöhung des Holzvorrathskapitals gerichtete) Meliorationen seines „Waldes" ihm gewähren. Wünscht z. B. der Waldkäufer zu wissen, ob eine ihm angesonnene einmalige Ausgabe von 5000 *M* (z. B. ein ihm angesonnener Beitrag zur Herstellung einer durch seinen Wald führenden Straßenverbindung) für ihn rathsam und vortheilhaft ist, so braucht nur untersucht zu werden, welche Holzpreissteigerung die Weganlage muthmaßlich zur Folge haben wird, und ob der muthmaßlich zu erzielende höhere Reinertrag zu dem um 5000 *M* sich erhöhenden Waldkapitalwerth in angemessenem Verhältniß steht, resp. ob das Verzinsungsprocent von = 2,15, welches für das in der Waldwirthschaft angelegte Geldkapital bei dem Waldankauf sich ergeben hatte, durch die weitere Kapitalanlage ermäßigt oder gesteigert wird. Eine Steigerung des Verzinsungsprocents wird aber in allen Fällen erzielt werden, in welchen die muthmaßliche Holzpreissteigerung mehr als die 2,15procentigen Zinsen von 5000 *M*, mithin mehr als 108 *M* beträgt. In allen Fällen, in welchen der bisherige jährliche Reinertrag des in Rede stehenden Waldcomplexes (Betriebsklasse) von = 4970 *M* sich muthmaßlich auf mehr als (4970 + 108) = 5078 *M* dauernd steigern läßt, ist die fragliche Kapitalanlage von 5000 *M* als eine für den Waldbesitzer vortheilhafte zu bezeichnen, durch welche sein Waldbesitz eine angemessene Melioration erfährt.

Unser Rechnungsverfahren (die „Methode der Tauschwerthe") hat vor der „Erwartungswerthmethode" den großen Vorzug völliger Klarheit und Durchsichtigkeit. Es gewährt unsere Methode gleichmäßig dem Waldkäufer und Waldverkäufer einen klaren Einblick in die für die gegenwärtige Werthbestimmung maßgebenden Factoren, überläßt es den Tauschenden, ihre verschiedenartigen Interessen an dem Zustandekommen des Tausches (dem Käufer: sein Interesse an Erlangung eines Werthobjekts, welches ihm künftig steigende Einnahmen verspricht; dem Verkäufer: sein Interesse an alsbaldiger Erlangung eines flüssigen Geldkapitals) in dem Zinsfuß, über welchen sie sich bei Kapitalisirung des gegenwärtigen Reinertrags des Waldcomplexes stillschweigend einigen müssen, zum Ausdruck zu bringen.

Die „Methode der Tauschwerthe" bedarf — wie wir gesehen haben — zur Erlangung unbedingt **feststehender,** nur auf gegenwärtige Bestockungs- und Preisverhältnisse basirter Resultate einzig und allein einer auf die concreten Verhältnisse anwendbarer **Holzgeldertragstafel.** Die „Methode der Erwartungswerthe" kann die auf den betr. concreten Fall passende Geldertragstafel ebensowenig entbehren, aber die Resultate, zu welchen sie mittelst ihrer Formeln gelangt, sind in hohem Grade veränderliche, d. h. in keiner Beziehung feststehende, sondern oft um ein Vielfaches von einander abweichende, je nachdem bei Ausführung der Rechnung nach dieser Methode ein höherer oder niederer Zinsfuß (dessen Wahl der Willkür des Rechners überlassen bleibt) unterstellt wird, je nachdem die Eingangszeiten für die Durchforstungen (ohne daß im Betrag derselben eine Aenderung eintritt) auf frühere oder spätere Termine verlegt werden, je nachdem die Vornahme stärkerer oder schwächerer Durchforstungen (ohne den Gesammtholzertrag des betr. Bestands dadurch zu alteriren) in den verschiedenen Altersperioden vorausgesetzt wird. Bei unserem Verfahren äußern derartige Unterstellungen und Voraussetzungen — wie aus der Ertragstafel, resp. aus vorstehender Tabelle und den in derselben mitgetheilten, maßgebenden Werthen zu entnehmen — auf das Resultat der Werthbestimmung eines concreten Waldcomplexes nicht den geringsten Einfluß, da nur der in summa aus demselben dauernd beziehbare jährliche Reinertrag für die Werthbestimmung maßgebend ist. Es wird bei Anwendung unseres Rechnungsverfahrens beispielsweise ganz das nämliche Resultat erzielt, einerlei, ob der in einem 80 ha großen, normal bestockten Waldcomplex bei Einhaltung einer 80jährigen Umtriebszeit dauernd beziehbare Jahresertrag an Abtriebs- und Zwischennutzungen von = 3956,4 *M* — cf. vorstehende Tabelle — dadurch erfolgt, daß im 20., 30., 40. rc. Jahre Durchforstungen im Werthbetrage von = 12; 42; 57,6 rc. *M* vorgenommen werden, oder dadurch, daß im 20., 25., 30., 35., 40., 45. rc. Jahre Durchforstungen im Werthe von = 6; 6; 21; 21; 28,8; 28,8 rc. *M*, oder im 30., 50. und 70. Jahre Durchforstungen im Werthe von = 54; 124,8 und 169,2 *M* erfolgen. Ebenso einflußlos auf das Resultat bleibt bei unserem Rechnungsverfahren ein etwaiger Vorgriff im 70. Jahr in den Abtriebsertrag des 80. Jahres, z. B. eine Vorgriffsnutzung von = 1090 *M*, anstatt der in der Tabelle im 70. Jahr vorgesehenen Durchforstungsnutzung von = 90 *M*, und einer Nutzung beim Abtrieb von dann nur = 2608,4 *M*, anstatt der vorgesehenen = 3608,4 *M*, während die Rechnungsresultate, wenn die Formeln der „Erwartungswerthmethode" zur Anwendung kommen, wesentlich von einander abweichen, je nachdem die eine oder andere Wirthschaftsmanipulation unterstellt wird.

Es ist jedoch offenbar ein großer Vorzug unseres Rechnungsverfahrens vor dem von den Anhängern der Erwartungswerthmethode empfohlenen Verfahren, daß alle willkürlich unterstellten Wirthschaftsmanipulationen, welche die nach der „Erwartungswerthmethode" angestellten Rechnungen in hohem Grade beeinflussen, auf die für den „Tauschwerth eines concreten Waldcomplexes" und insbesondere für den „Tauschwerth des auf demselben stockenden Holzvorraths" sich ergebenden Werthbezifferungen nicht den geringsten Einfluß zu äußern vermögen. Wir können daher unseren Fachgenossen nur dringend empfehlen, unser Rechnungsverfahren in praxi versuchsweise zur Anwendung zu bringen, und sich selbst davon zu überzeugen, daß dieses Verfahren in allen nur denkbaren Fällen stets zu vernunftgemäßen, mit den thatsächlichen Verhältnissen in vollem Einklang stehenden Resultaten führt. Wird unser Verfahren theoretisch begründet und praktisch bewährt gefunden, so steht zu hoffen, daß auch die eifrigsten Anhänger der „Erwartungswerthmethode" allmählig von der Anwendung dieser Methode zurückkommen und der „Methode der Tauschwerthe" die Anerkennung, daß dieselbe bei Bestimmung des thatsächlichen Werths (Tauschwerths oder Marktpreises) von Waldungen durchaus correcte und zuverlässige Resultate liefere, nicht länger versagen werden.

Druck von E. Buchbinder in Neu-Ruppin.

GPSR Compliance

The European Union's (EU) General Product Safety Regulation (GPSR) is a set of rules that requires consumer products to be safe and our obligations to ensure this.

If you have any concerns about our products, you can contact us on ProductSafety@springernature.com

In case Publisher is established outside the EU, the EU authorized representative is:

Springer Nature Customer Service Center GmbH
Europaplatz 3
69115 Heidelberg, Germany

Batch number: 10844655

Printed by Printforce, the Netherlands